Alle Altersstufen

Friedhelm Heitmann

Das Lernen lernen!

LERNEN
VERSTEHEN
ANWENDEN

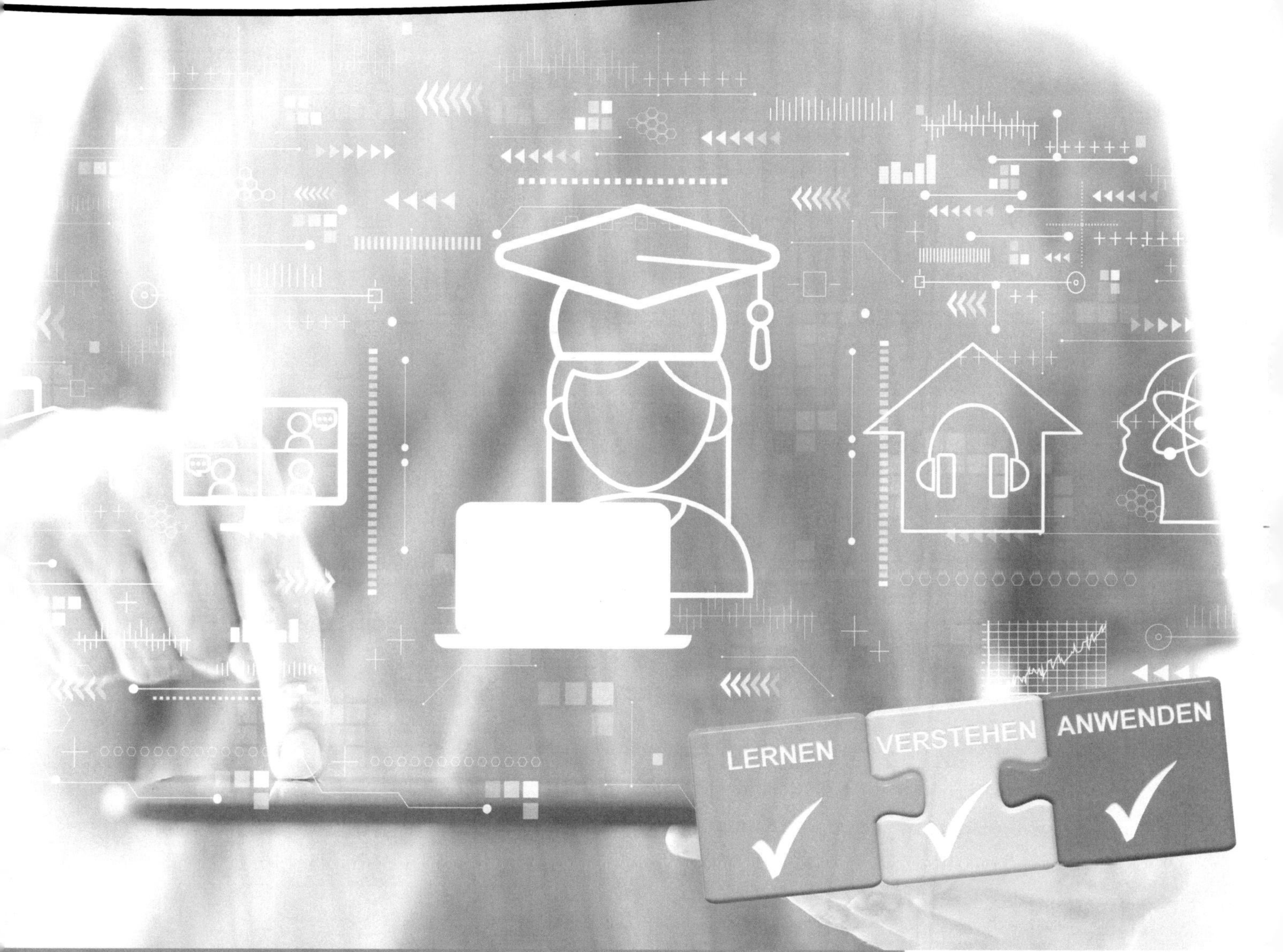

➡ Lernen mit allen Sinnen
➡ Lernstrategien erarbeiten
➡ Lernmotivation steigern

Das Lernen lernen

Lernen mit allen Sinnen

4. Auflage 2025

Inhalt: Friedhelm Heitmann
Umschlagbild: Tierney & kebox - AdobeStock.com
Redaktion: Kohl-Verlag
Grafik & Satz: Kohl-Verlag
Druck: Druckerei Flock, Köln

Bestell-Nr. 12 720

ISBN: 978-3-98558-110-8

Bildquellen:

AdobeStock.com:

S.2: Africa Studio; S. 4: Thierry Lavat, ronnarid; S. 4-80: ronnarid; S. 6+8: Rawpixel.com; S. 10: mizinra; S. 12: vegefox.com; S. 16: bilderzwerg; S. 19: milosdizajn; S. 22: motortion; S. 23: Seventyfour; S. 24: gpointstudio; S. 25: ibreakstock; S. 27: Cooper, Cello Armstrong, W. Heiber Fotostudio; S. 30: danielschoenen; S. 35: Patrcia, iconicbestiary, MicroOne; S. 36: Zoran Zeremski; S. 43: Jacob Lund; S. 44: apichon_tee; S. 46: Akira.N; S. 49: Nitr; S. 50: New Africa; S. 51: shintartanya, kostikovanata, Marco2811; S. 52: Charise, augusta16; S. 57: Robert Kneschke; S. 58: fizkes; S. 59: Daniel Ernst; S. 61: Alexander Limbach; S. 64: RomixImage; S. 68: n Ramcreative; S. 69: Fokussiert; S. 70: mast3r;

Clipart.com:

S. 15;

Kontakt: Kohl-Verlag, An der Brennerei 37-45, 50170 Kerpen
Tel: +49 2275 331610, Mail: info@kohlverlag.de

Inhalt

Vorwort

Liebe Kolleginnen, liebe Kollegen,

Allgemeinwissen betrifft viele Bereiche. Dazu sollte auch das Lernen gehören, mit anderen Worten, wie man möglichst effektiv lernt. Das Thema „Lernen zu lernen" wird leider in vielen Schulen - wenn überhaupt - nur am Rande behandelt. Bisweilen laden wohl z. B. Elternräte Referenten zu (oft einmaligen) Vorträgen zum Thema „Das Lernen lernen" ... ein. Doch mit solchen Veranstaltungen allein ist es nicht getan. Schüler(innen) erfahren in den meisten allgemeinbildenden Schulen gewöhnlich allenfalls wenig zur angesprochenen Thematik.

Anliegen des vorliegenden Bandes ist es, dies zu ändern. Der Band befasst sich intensiv mit dem Themenbereich „Lernen zu lernen", er versucht, Heranwachsenden das Lernen u. a. verständlich zu machen und Hilfestellungen beim eigenen Vorgehen zu geben. Bestimmt ist das Werk für den Einsatz in der Sekundarstufe I. Die dargebotenen Materialien sind als Ganzes (= komplett), aber auch in Auszügen im Unterricht verwendbar.

Die Inhalte des Bandes beruhen zum einen auf Betrachtungen der Fachliteratur. Im Weiteren baut der präsentierte Band auf den langjährigen Erfahrungen des Verfassers als Lehrer auf. Dabei zeigt(e) sich des Öfteren die Diskrepanz zwischen Theorie und Praxis. So manche Empfehlungen von Lerntheoretikern/Wissenschaftlern erwiesen und erweisen sich nicht bzw. wenig wirksam in der Schulpraxis. In der Lernpsychologie und Pädagogik existieren etliche Studien mit zweifelhaften Ergebnissen, die sich real nicht bestätigen lassen. Dies sei vorweg angemerkt.

Menschen und damit auch Heranwachsende lernen nicht auf gleiche, sondern auf verschiedene Weise, jeder lernt anders. Es gibt jedoch zahlreiche Aspekte, Prinzipien, Orientierungen, Empfehlungen etc., die relevant sind und jeder Lernende bedenken sowie berücksichtigen sollte. Diese Dinge sind Gegenstand des präsentierten Bandes. Möge der Band dazu beitragen, dass Heranwachsende:

- (neue) Kenntnisse sowie Erkenntnisse zum Thema Lernen gewinnen;
- ihr bisheriges Lernverhalten überdenken;
- zukünftig (noch) gezielter und effektiver lernen.

Sollten Sie im Band etwaige Fehler entdecken, so bedanken wir uns vorweg für Hinweise darauf, ebenso für weitere Verbesserungsvorschläge, z. B. Ergänzungen. Im Übrigen wünschen wir viele Erfolge bei der Behandlung des Themas „Lernen zu lernen" im Unterricht. Das Team des Kohl-Verlags und

Friedhelm Heitmann

> *Robert F. Mager (1923-2020):*
>
> *„Wer nicht genau weiß, wohin er will, braucht sich nicht zu wundern, wenn er ganz woanders ankommt."*

Bedeutung der Symbole:

Einzelarbeit

Partnerarbeit

Arbeiten in kleinen Gruppen

Arbeiten mit der ganzen Gruppe

Lernen (Einführung)

Allgemein gesagt bedeutet Lernen, geistig und/bzw. körperlich Kenntnisse, Erkenntnisse, Fähigkeiten, Fertigkeiten ... zu erlangen. Am Ende des erfolgreichen Lernprozesses ergibt sich das Können einer Sache, z. B. einen Sachverhalt erklären zu können.

Schulen sind Einrichtungen, in denen Heranwachsende für das Leben lernen soll(t)en. Zu den Hauptaufgaben der Pädagogen[1] (= Lehrer, Erzieher ...) gehört, dass Schüler(innen) Dinge lernen. Das Thema Lernen ist ein relevanter Bereich der Pädagogik[2]. Im Weiteren befassen sich mit dem Lernen vor allem Lernpsychologen. Sie setzen sich u. a. damit auseinander, wie Menschen und Tiere Informationen aufnehmen, weiterverarbeiten und festhalten. Die Lernpsychologie ist ein bedeutsames Teilgebiet der Psychologie[3]. Noch weitere Wissenschaftler behandeln das Lernen, z. B. Neurobiologen. Die Neurobiologen[4] betrachten und erforschen das vom Gehirn gesteuerte Nervensystem, das eine zentrale Rolle beim Lernen spielt.

EA

Aufgaben: **a)** *Erkläre, was allgemein Lernen bedeutet.*

____

____

____

b) *Erläutere die beiden Bezeichnungen Pädagogen und Pädagogik.*

____

____

____

c) *Womit befassen sich Lernpsychologen?*

____

____

____

d) *Worum geht es in der Neurobiologie?*

____

____

____

[1] [paidagogos (griech. = Führer der Kinder, Knaben]
[2] [paidogogike (techne) = Kunst, Handwerk der Führung von Kindern, Knaben ...]
[3] [psyche (griech.) = Seele + logos (griech.) = Lehre → Wissenschaft des Seelenlebens]
[4] [neuron (griech.) = Nerv; bios (griech.) = Leben; logos (griech.) = Lehre]

Deine Meinung ist gefragt

EA

Aufgabe: *Was meinst du zu den nachfolgenden (sehr) kurzen Aussagen? Unterstreiche die Aussagen, denen:*

- du ganz zustimmst mit grüner Farbe,
- du zum Teil zustimmst mit gelber Farbe,
- du überhaupt nicht zustimmst mit roter Farbe.

1. Lernen ist wichtig.
2. Lernen ist nützlich.
3. Lernen ist schwer.
4. Lernen bringt Erfolge.
5. Lernen macht Spaß.
6. Lernen ist altmodisch.
7. Lernen benötigt Zeit.
8. Schüler(innen) wollen lernen.
9. Es gibt wichtigere Dinge als zu lernen.
10. Lernen braucht man nicht mehr, das Internet weiß doch alles.

...

Begründungen für deine Meinung(en):

____

____

____

____

Motivation (I)

Lernen erfordert Motivation (= Lernmotivation). Allgemein bedeutet Motivation so viel wie Beweggrund, Veranlassung, Antrieb. Der Begriff stammt aus der lateinischen Sprache:

motivum (lat.) = Beweggrund, Ursache

movere (lat.) = bewegen, drängen, antreiben

Man unterscheidet zwei Arten der Motivation

- die intrinsische Motivation
- und die extrinsische Motivation.

Mit der intrinsischen Motivation ist die sachbezogene, aufgabenorientierte Motivation gemeint. Intrinsische Motivation ist bei Personen vorhanden, wenn das Thema (= die Sache) für sie interessant ist und auch zum Lernen reizt.

intrinsecus (lat.) = innerhalb, im Inneren, inwendig

Die extrinsische Motivation bezieht sich auf Dinge, die von außen wirken (beeinflussen oder sogar bestimmen), sich mit einer Sache [intensiv(er)] zu befassen, um zu lernen. Eine extrinsische Motivation ist z. B., eine (sehr) gute Zensur (= Note) zu bekommen.

extrinsecus (lat.) = außen, von außen, draußen

Der intrinsischen Motivation wird beim Lernen ein höherer Stellenwert beigemessen als der extrinsischen Motivation. Die intrinsische Motivation hat in der Regel eine Wirkung, die nachhaltiger ist als die der extrinsischen Motivation. Dennoch ist auch die extrinsischen Motivation von Bedeutung für das Lernen.

Aufgabe 1: *Erkläre in eigenen Sätzen:*

a) *Was versteht man allgemein unter dem Begriff Motivation?*

b) *Intrinsische Motivation – was ist das?*

c) *Was ist extrinsische Motivation?*

Motivation (II)

In der Regel ist die Lernmotivation bei Grundschülern höher als bei Schülern anschließender Klassenstufen. Bei sehr vielen Schülern geht in der Pubertät die Lernmotivation zurück. Eine Aussage von vermeintlichen Experten wie „Alle Kinder wollen lernen!" hat nicht einmal durchweg Gültigkeit für die Grundschüler, zeugt von Unkenntnis der Realität. Denn: Wie auch Neurobiologen bestätigen, lernen Kinder, Jugendliche sowie Erwachsene nur das, was aus ihrer Sicht für sie bedeutsam ist.

Lernen ist nicht gleichzusetzen mit Spaß haben. Jedoch kann (das) Lernen auch Spaß machen, wenn die jeweilige Person z. B. Lernfortschritte macht und dadurch weitere Erfolge erzielt. Lernen erfordert des Öfteren, Bequemlichkeit(en) zu überwinden und sich anzustrengen. Bequemlichkeit wirkt der Lernmotivation entgegen, erschwert den Aufbau von Motivation, ja kann Motivation sogar verhindern. So manche Bequemlichkeiten, die das heutige reizüberflutete Leben aufgrund der fortgeschrittenen Technik bietet (siehe u. a. mögliche vielfältige Mediennutzungen), wirken sich negativ auf die Lernmotivation aus. Dies zeigt sich oftmals vor allem bei lernschwachen Schülern aus bildungsfernen Familien.

Meine Lernmotivation – eine Selbsteinschätzung

EA

Aufgaben: **a)** *Wie schätzt du deine Lernmotivation durchschnittlich betrachtet ein?*
Kreuze auf der folgenden Skala an, die von 0 bis 10 reicht, was auf dich zutrifft.

0	**1**	**2**	**3**	**4**	**5**	**6**	**7**	**8**	**9**	**10**

(sehr) gering mittelmäßig sehr hoch

b) *Nenne in Stichwörtern Situationen, Zeitpunkte ..., in denen du lernmotiviert bist.*

____

____

____

____

c) *Notiere in Stichwörtern Situationen, Zeitpunkte ..., in denen du nicht lernmotiviert bist.*

____

____

____

____

d) *Welche Schulfächer und welche Themen interessieren dich (sehr)?*

____

____

____

____

e) *Welche Schulfächer und welche Themen interessieren dich (überhaupt) nicht?*

____

____

____

____

KOHL VERLAG Das Lernen lernen – Bestell-Nr. 12 720

Meine Lernmotivation in den einzelnen Schulfächern

EA

Aufgabe: *Wie ist deine Lernmotivation in den einzelnen Schulfächern, in denen du Unterricht hast? Bewerte in jedem Schulfach deine Lernmotivation mit einer Zahl auf der Skala im Bereich von 0 bis 10.*

0	1	2	3	4	5	6	7	8	9	10

(sehr) gering — mittelmäßig — sehr hoch

Schulfächer	Bewertungen der Lernmotivation:

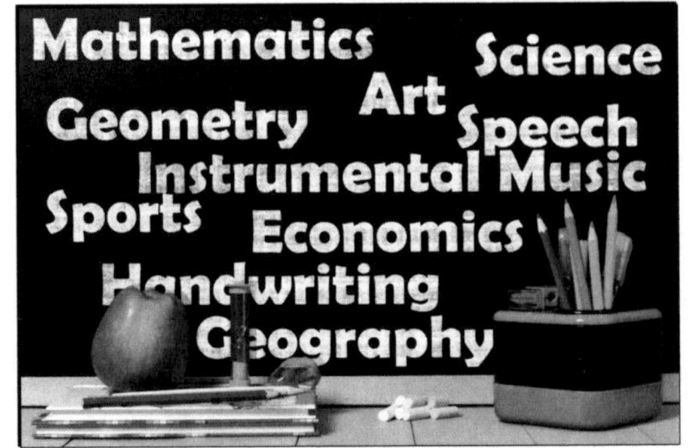

Einzelne Lernmotive

Verschiedene Gründe kann es geben zu lernen. Lernmotive können sein:

Bisher erzielte Lernerfolge regen an zum (weiteren) Lernen.

Das jeweilige Thema ist (sehr) interessant.

Der Unterricht ist abwechslungsreich, spannend, witzig …

Mit Schulfreunden kann man gemeinsam gut lernen.

Der Lernende hält das Thema für (besonders) wichtig.

Ziel ist es, noch die Versetzung in die nächsthöhere Klassenstufe zu schaffen.

Der Lehrer erklärt die Bedeutung des Themas und die Inhalte (leicht) verständlich.

Die Person, die lernt, hat Geltungsdrang, strebt nach Bewunderung.

Von den Eltern gibt es Belohnungen für (sehr) gute Zensuren.

Absicht ist, später einen bestimmten, möglicherweise angesehenen Beruf ausüben zu können.

Aufgabe 1: *Aus welchen Gründen (= Motiven) lernst du? Du kannst auch Gründe (= Motive) anführen, die nicht oben auf der Seite genannt werden.*

____

____

____

Aufgabe 2: *Erstelle eine Rangliste deiner Lernmotive! Welches Motiv steht für dich an 1. Stelle, welches an 2. Stelle, welches an 3. Stelle …?*

1. Rang: ______________________________

2. Rang: ______________________________

3. Rang: ______________________________

4. Rang: ______________________________

5. Rang: ______________________________

6. Rang: ______________________________

7. Rang: ______________________________

8. Rang: ______________________________

9. Rang: ______________________________

10. Rang: ______________________________

Leistungsmotivation – was ist das?

Der Begriff Leistungsmotivation setzt sich aus dem Grundwort Motivation und dem Bestimmungswort Leistung zusammen. Die Motivation ist die Antriebskraft, die Leistung, die Tätigkeit. In der Umgangssprache wird der Begriff Leistungsmotivation weit(er) gefasst. Unter Leistungsmotivation wird allgemein verstanden, möglichst (sehr) gute Leistungen zu vollbringen.

Dagegen wird die Bezeichnung Leistungsmotivation in der Psychologie eng(er) betrachtet und gebraucht, vor allem in der Entwicklungspsychologie. Mit Leistungsmotivation sind hier je Person der Leistungswille und das Leistungsverhalten gemeint, die ausgerichtet an einem eigenen Gütemaßstab sind. Wer in diesem Sinne leistungsmotiviert ist, hat für sich ein Anspruchsniveau, das er erreichen oder sogar übertreffen möchte. Zur Leistungsmotivation gehört u. a. Freude, etwas zu leisten.

Leistungsmotivation kann ein Merkmal der Persönlichkeit des Menschen sein. Schon im 1. Lebensjahr kann bei Kindern Leistungsmotivation entstehen und beginnt sich zu entwickeln. Personen mit einer hohen Leistungsmotivation suchen Leistungssituationen (auf), Personen mit einer geringen Leistungsmotivation meiden solche Situationen oder versuchen es.

Nicht identisch mit Leistungsmotivation ist Lernmotivation. Während die Leistungsmotivation an der Beurteilung der eigenen Leistungsfähigkeit orientiert ist, besteht bei der Lernmotivation das Ziel darin, einen Lernzuwachs zu erreichen.

EA

Aufgabe: *Was hast du vom Inhalt des Textes „Leistungsmotivation – was ist das?“ verstanden? Schreibe es in eigenen Sätzen auf.*

Lerntheorien

Lerntheorien verfolgen das Ziel, das Lernen zu deuten sowie zu beschreiben. Im Laufe der Zeit wurden zahlreiche Lerntheorien entwickelt. Unter den vielen Lerntheorien lassen sich drei Hauptrichtungen differenzieren:

- behavioristische Lerntheorien,
- kognitive Lerntheorien,
- konstruktivistische Lerntheorien.

Die Bezeichnung behavioristisch ist abgeleitet vom englischsprachigen Wort „behavio(u)r" (= Verhalten). Betrachtet wird in behavioristischen Lerntheorien (nur) das objektiv beobachtbare Verhalten. Behavioristische Lerntheorien gehen davon aus, dass Lernen durch Umweltreize und/oder deren Verstärkungen ausgelöst werden.

Kognitive Lerntheorien verweisen darauf, Lernen erfolgt durch Einsichten und Erkenntnisse. Das Wort kognitiv stammt aus der lateinischen Sprache:

cognito (lat.) = Wahrnehmung, Erkenntnis.

Gemäß kognitiven Lerntheorien wird beim Lernen Wissen verarbeitet.

In konstruktivistischen Lerntheorien ist der Ansatz: Lernen baue jeweils auf persönlichen Erfahrungen, Erlebnissen und Interpretationen [= Deutung, Auslegung; *interpretatio (lat.) = Erklärung, Übersetzung, Deutung*] des Lernenden auf. Der Lernende (ver)schaffe sich eine individuelle Sichtweise der Welt, woran das Lernen anknüpfe. Konstruktivistische Lerntheorien haben die Selbststeuerung des Lernens durch die Lernenden heraus. Der Begriff konstruktivistisch hat seinen Ursprung ebenfalls in der lateinischen Sprache: *constructus (lat.) = erbaut, errichtet; construere (lat.) = aufbauen, erschaffen.*

Behavioristische Lerntheorien unterscheiden sich sehr deutlich von kognitiven und konstruktivistischen Lerntheorien. Zwischen kognitiven und konstruktivistischen Lerntheorien ist der Unterschied geringer.

EA

Aufgabe: *Erkläre in eigenen Sätzen, wie sich behavioristische, kognitive und konstruktivistische Lerntheorien unterscheiden.*

Formel zur Lernmotivation

Der Psychologe Heinz Heckhausen (1926-1988) entwickelte in den sechziger Jahren eine Formel zur Lernmotivation:

$$\text{Motl} = (\text{LM} \cdot \text{E} \cdot \text{Ae}) + \text{As} + \text{N} + [\text{bId} + \text{bAbh} + \text{bGelt} + \text{bStrafv}]$$

Erklärung der Abkürzungen:

Motl	=	Lernmotivation
LM	=	Leistungsmotivation
E	=	Erreichbarkeitsgrad der Aufgabe
Ae	=	Anreiz der Aufgabe
As	=	Sachbereichsbezogener Anreiz
N	=	Neuigkeitsgehalt
bId	=	Bedürfnis nach Identifikation
bAbh	=	Bedürfnis nach Abhängigkeit
bGelt	=	Bedürfnis nach Geltung
bStrafv	=	Bedürfnis nach Strafvermeidung

Aufgabe 1: *Versuche die Formel zu erläutern! Welche Faktoren sind nach Heckhausen an der Lernmotivation beteiligt? Warum kommen in der Formel Pluszeichen, aber auch Malzeichen vor?*

EA

Aufgabe 2: *Wie beurteilst du die obere Formel? Begründe deine Beurteilung.*

Das Gehirn (I)

Aufgabe: *Setze die folgenden Wörter in den anschließenden Sätzen an der jeweils richtigen Stelle ein:*

Farbe – Gewicht – Hirn – Informationen – Nervenzellen – Schädeldecke – Synapsen – Vorgänge – Walnuss – Zusammenarbeit

1. Das Lernen des Menschen erfolgt im und durch das Gehirn, das sich im Kopf unter der ______________________ befindet.
2. Für das Gehirn wird manchmal auch das kurze Wort ___________ gebraucht.
3. Das Gehirn nimmt ________________________ auf, denkt und lenkt den Menschen.
4. In seiner Form ähnelt das Gehirn einer sehr großen ____________, gesagt wird auch der tropischen Frucht Mango.
5. Eine grau-rosa ___________ weist das Gehirn aus, es ist gerunzelt und weich.
6. Bei Babys beträgt das _____________ des Gehirns ca. 300 Gramm, bei Erwachsenen bis zu ungefähr 1 500 Gramm.
7. Im Gehirn des Menschen befinden sich fast unglaublich viele ______________ (= Neuronen), nach Schätzungen etwa 80 Milliarden.
8. Diese sind durch sogenannte _______________[1] (= Kontaktstellen) in einer Art Netzwerk miteinander verbunden.
9. Die Nervenzellen nehmen Informationen auf und verarbeiten sie in

   _______________________.
10. Die ______________ dabei sind (sehr) kompliziert, ganz genaue Abläufe sind auch Wissenschaftlern bisher nicht bekannt.

[1] Synapsen: syn (griech.) = zusammen, mit; aptein (griech.) = anheften, verknüpfen; synapsis (griech.) = Verbindung

Das Gehirn (II)

Durch die Sinne nimmt das Gehirn des Menschen Informationen auf. Gewöhnlich werden herkömmlich fünf (klassische) Sinne unterschieden:

- das Sehen,
- das Hören,
- das Tasten,
- das Schmecken,
- das Riechen.

Die Wahrnehmungen durch die Sinne wandert das Gehirn in Gedanken und/bzw. Gefühle um.

Das Großhirn bildet den größten Teil des Gehirns. Der Anteil des Großhirns am gesamten Gewicht des Gehirns liegt bei ca. 80-85 % – so ist jeweils zu lesen. Unterteilt ist das Großhirn in zwei Gehirnhälften, die linke und die rechte Gehirnhälfte. Diese beiden Gehirnhälften sind miteinander verbunden (u. a. durch den sogenannten Gehirnbalken) und arbeiten zusammen.

Die linke Gehirnhälfte steuert die rechte Körperhälfte, die rechte Gehirnhälfte die linke Körperhälfte. Aufgrund von Forschungsergebnissen wird der linken Gehirnhälfte zugeschrieben, zuständig zu sein für Logik, Sachlichkeit, Analysefähigkeit ... Dagegen geht es in der rechten Gehirnhälfte um die Kreativität, künstlerische Ausdrucksfähigkeit, Gefühle ... Meistens dominiert bei Personen eine der beiden genannten Gehirnhälften.

Übrigens:

Das im Hinterkopf gelegene Kleinhirn steuert das Gleichgewicht sowie die Bewegungen des Menschen. Der Hirnstamm (= unterster Abschnitt des Gehirns) lenkt u. a. unbewusst ablaufende Vorgänge wie die Atmung, den Herzschlag, die Verdauung ...

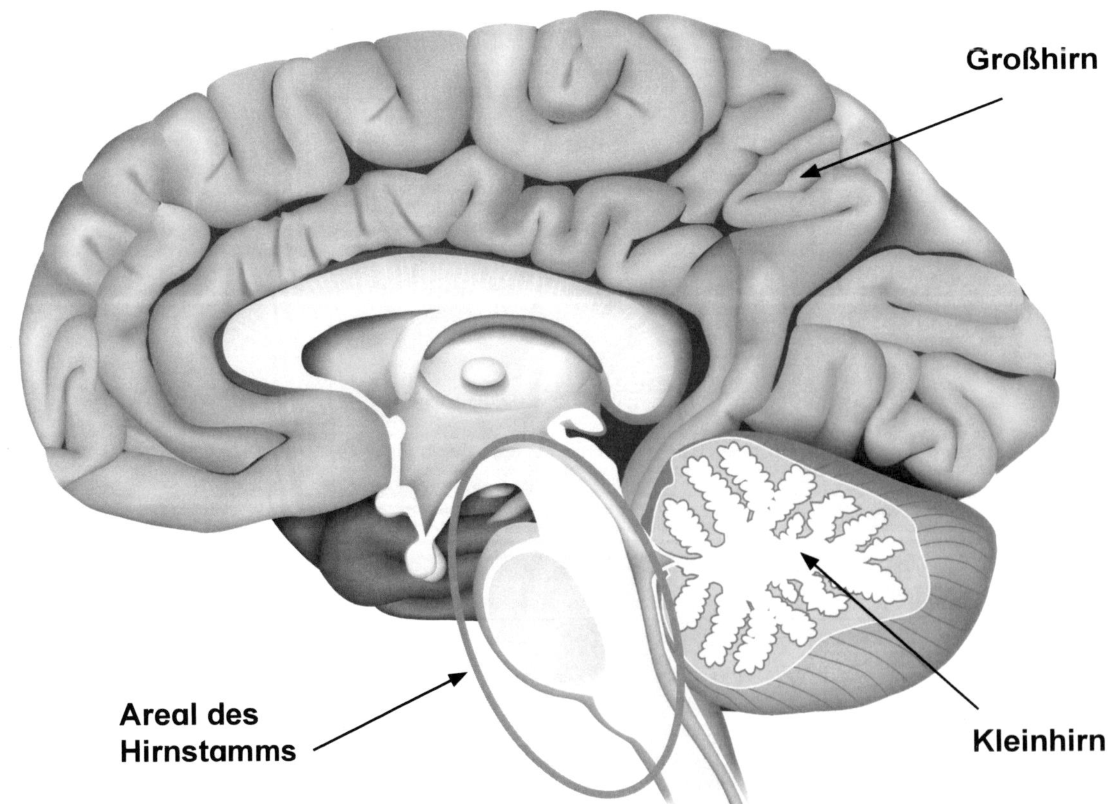

Das Gehirn (II)

EA

Aufgaben: *Richtig oder falsch? Kreuze an: Welche der folgenden 10 Aussagen sind richtig, welche jedoch falsch?*

		Richtig	Falsch
1.	Das Kurzwort für Gehirn lautet Hirn.		
2.	Das Aussehen des menschlichen Gehirns lässt sich mit einer Apfelsine vergleichen.		
3.	Das Gehirn weist keine Falten auf.		
4.	Im Gehirn befinden sich ca. 80 Millionen Nervenzellen.		
5.	Durch Synapsen sind die Nervenzellen miteinander verbunden.		
6.	Die Nervenzellen verarbeiten u. a. die aufgenommenen Informationen.		
7.	Normalerweise wird zwischen 4 Sinnen differenziert.		
8.	Das Großhirn besteht aus zwei miteinander verknüpften Hälften.		
9.	Die linke Gehirnhälfte steuert die linke Körperhälfte, die rechte Gehirnhälfte die rechte Körperhälfte.		
10.	Die rechte Gehirnhälfte ist u. a. zuständig für Emotionen.		

Verbessere nunmehr die Sätze, die falsche Aussagen erhalten.

____

____

____

____

____

____

____

____

____

____

Das Gedächtnis – ein Puzzle

EA

Aufgaben: *Bringe die nachfolgenden, ungeordneten 10 Sätze in eine logische Reihenfolge. Welcher Satz muss an 1. Stelle stehen, welcher an 2. Stelle, welcher an 3. Stelle usw.?*

	Zu lesen ist, dass das Ultrakurzzeit-Gedächtnis Neues höchstens etwa 20 Sekunden lang speichert.
	Drei verschiedene Gedächtnis-Systeme werden gewöhnlich unterschieden.
	Das im Gehirn befindliche Gedächtnis vermag Informationen unbewusst und bewusst zu speichern.
	Beim Lernen kommt es u. a. darauf an, Dinge im Gedächtnis zu behalten, also nicht zu vergessen.
	Das Langzeit-Gedächtnis hält Informationen auf (sehr) lange Dauer (= nachhaltig) fest, möglicherweise sogar lebenslang.
	Auch als Erinnerungsvermögen lässt sich das Gedächtnis bezeichnen.
	Es gibt Aussagen, neue Informationen verblieben im Kurzzeit-Gedächtnis ca. 3-4 Minuten bis maximal ungefähr eine halbe Stunde.
	Informationen, die man beim Lernen möglichst lange im Kopf behalten möchte, gilt es, im Langzeit-Gedächtnis zu verankern.
	Es ist die Fähigkeit, sich etwas zu merken und sich wieder daran zu erinnern.
	Dabei spricht man (auch) vom Dreispeicher-Modell.

Schreibe nun die 10 Sätze in einer logischen Reihenfolge hintereinander auf.

____

____

____

____

____

____

____

____

____

____

Ein Gedächtnistest

Aufgabe: *Schaue dir z. B. 2 Minute die (40) Abbildungen auf dieser Seite an. Lege dann das Blatt weg. Nenne anschließend schriftlich oder mündlich möglichst viele Abbildungen, die auf dem Blatt zu sehen sind.*

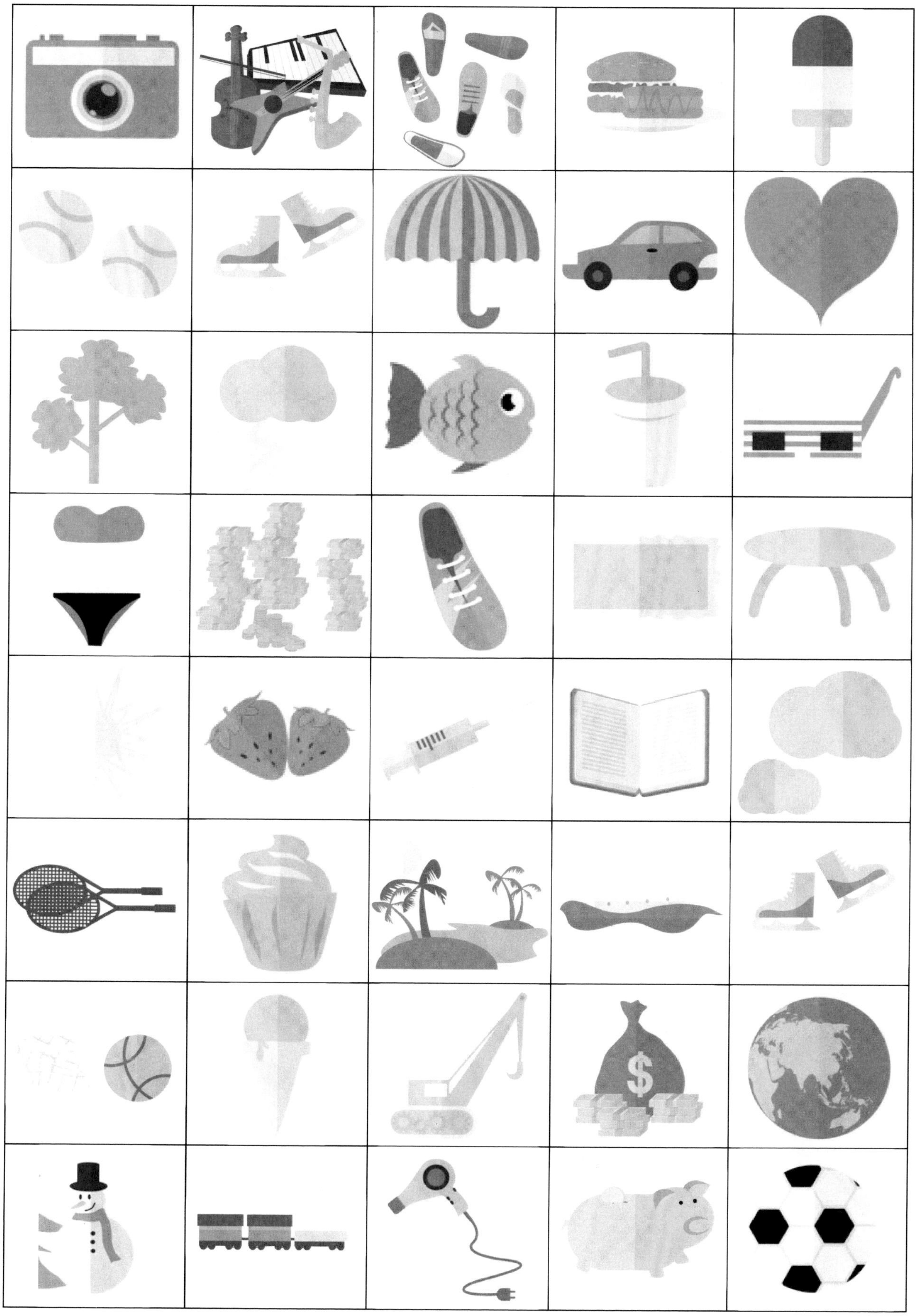

KOHL VERLAG Das Lernen lernen – Bestell-Nr. 12 720

Was im Gedächtnis behalten wird

Fachwissenschaftler (u. a. aus der Psychologie), also Experten verweisen darauf: In der Regel verbleiben im Gedächtnis des Menschen Dinge, die ihm (sehr) wichtig erscheinen. Im Weiteren wird festgehalten, was den Menschen emotional (= gefühlsmäßig) stark berührt. Ebenfalls haftet in der Erinnerung, was regelmäßig wiederholt wird.

Was beim Lernen jedoch nicht regelmäßig wiederholt wird, gerät in Gefahr von neuen Wahrnehmungen und/oder wichtiger erscheinenden Erinnerungen überlagert und (damit) vergessen zu werden. Wiederholungen[1] spielen beim Lernen eine wesentliche Rolle. Mit dem Wiederholen ist auch das gründliche Üben gemeint. Gemäß einem alten Sprichwort „macht Übung (bekanntlich) den Meister". Nach Ansicht von Fachwissenschaftlern müsste es aber heißen: „Nur richtiges Üben macht den Meister." Durch richtiges Üben (u. a. mit anwendungsorientierten Aufgaben) werde das Können gefestigt und gesteigert. Das Üben habe unter Einbeziehung möglichst aller menschlicher Sinne zu erfolgen.

Erfolgsversprechender ist es, jeweils relativ kurz, aber öfter den Lernstoff zu wiederholen anstatt umgekehrt. Mit anderen Worten: Den Lernstoff auf mehrere Tage verteilt zu wiederholen bringt mehr als an einem Tag. Wiederholungen (= Rekapitulationen)[2] können Gelerntes quasi: automatisieren (~ verselbstständigen) und dazu beitragen, dass es übertragen werden kann (= Transfer)[3]. Auch haben Wiederholungen den Zweck, Dinge werden im Langzeitgedächtnis fest verankert. Bei Wiederholungen zeigt sich des Öfteren: Das Gelernte ist nicht vergessen, muss nicht (neu) gelernt werden, sondern nur noch in dem „Archiv" des Langzeitgedächtnisses gefunden und wieder herausgeholt werden. Wissenschaftler halten anwendungsorientiertes Üben für wertvoller und wirksamer als stupides Üben.

Bewährt hat sich das Wiederholen mit Lernkarteien in vielen thematischen Bereichen, nicht nur beim Lernen von z. B. englischen Vokabeln. Diese Methode erfordert aber vorweg, dass der Lernstoff angemessen auf Karteikarten (durch den Lernenden) erfasst worden ist. In verschiedenen Durchgängen wiederholt der Lernende später den Lernstoff. Was der Wiederholende (noch) nicht beherrscht, muss er logischerweise öfter wiederholen. Lernkarteikarten lassen sich u.a. in spielerischer Form als Quizspiel für sich allein oder mit einem bzw. mehreren Partnern einsetzen. Auch sonstige Lernspiele eignen sich, um Lernstoff zu wiederholen.

In der Fachliteratur ist zu lesen: Der neue Lernstoff müsse ungefähr sechsmal wiederholt werden, damit er im Langzeitgedächtnis festsitze. Für Wiederholungen des Lernstoffes wird auch der Begriff *Überlernen* gebraucht. Dieser Begriff wird im positiven Sinne benutzt, nicht negativ. Vorgeschlagen wird, sich beim Lernen neuer Dinge in etwa an folgenden Wiederholungsrhythmus zu halten:

1. Wiederholung: noch am selben Tag;
2. Wiederholung: nach zwei oder drei Tagen;
3. Wiederholung: nach einer Woche;
4. Wiederholung: nach einem Monat;
5. Wiederholung: nach drei Monaten;
6. Wiederholung: nach sechs Monaten.

[1] „Repitio est mater studiorum." (lateinisch) = „Wiederholen ist die Mutter des Lernens."
[2] recapitulatio (lat.) = Zusammenführung, Wiederholung
[3] transferre (lat.) = (hin)übertragen, anwenden

Was im Gedächtnis behalten wird

Im Weiteren sind in der Fachliteratur Aussagen zu finden wie u. a., der Anteil der Wiederholungen an der Lernzeit sollte ca. 1 Drittel betragen. Wiederholungen müssten abwechslungsreich sein. Wiederholungen könnten an verschiedenen Stellen erfolgen, z. B. beim Spazierengehen. Die Person könnte beim alleinigen Spaziergang, Lernstoff aus der Erinnerung aufrufen. Oder bei einem Spaziergang mit einer anderen Person sei dies möglich: Im Wechsel würde jeweils die eine der anderen eine Frage zum Thema stellen, die die andere zu beantworten habe. Bewegung fördert bekanntlich das Lernen und das Behalten.

Zu bedenken gilt es auch: Lernen ist nicht einmalig verstehen. Es reicht beim Lernen oftmals nicht aus, eine Sache einmal verstanden zu haben. Damit ist nicht gesichert, die Sache dauerhaft gelernt zu haben. Dafür sind Wiederholungen nötig.

Aus lernpsychologischen Gründen regen manche Lernexperten an, anstelle von Wörtern wie „Üben", „Pauken", „Büffeln", „Wiederholungen" ... den Begriff „Training" bei der Arbeit mit Heranwachsenden zu verwenden.

EA

Aufgabe: *Du hast den Text „Was im Gedächtnis behalten wird" gelesen. Was davon hältst du für wichtig und merkst du dir? Schreibe es in selbst formulierten Sätzen auf.*

____

____

____

____

____

____

____

____

____

____

____

____

____

____

____

Konzentration

Konzentration bedeutet, die eigene Aufmerksamkeit ganz und gar auf eine bestimmte Sache zu richten und sich allein damit auseinanderzusetzen. Darauf weist bereits die Herkunft des Wortes Konzentration hin:

cum (lat.) = mit, zusammen;
centrum (lat.) = Mittelpunkt;
concentration (franz.) = Sammlung, Massierung;
concenter (franz.) = zusammenziehen, vereinigen

Wer meint, sich gleichzeitig mit zwei oder noch mehr Dingen befassen zu können, ist beim Tun nicht (voll) konzentriert.

Lernen erfordert volle, tiefe Konzentration, vor allem wenn das Lernen effektiv und nachhaltig sein soll. Der Mensch kann sich nicht ständig konzentrieren. Wie lange man sich konzentrieren kann, ist u. a. abhängig vom Alter. Legt man wissenschaftliche Untersuchungen zugrunde, dann können sich Heranwachsende durchschnittlich konzentrieren bis zu einer Dauer:

- Heranwachsende im Alter von 5-7 Jahren → bis zu ca. 15 Minuten;
- Heranwachsende im Alter von 7-10 Jahren → bis zu ca. 20 Minuten;
- Heranwachsende im Alter von 10-12 Jahren → bis zu ca. 25 Minuten;
- Heranwachsende im Alter von 12-16 Jahren → bis zu ca. 30 Minuten.

Erwachsene wird eine Konzentrationsdauer von bis zu 90 Minuten (= 1,5 Stunden) nachgesagt.

Konzentration ist Anspannung, keine Entspannung – benötigt aber nach einer gewissen Zeit Entspannung in Form von z. B. Pausen. Vor dem Lernen gilt es, möglichst alle Hindernisse zu beseitigen, die die Konzentration beeinträchtigen (können). Es gibt zahlreiche Hindernisse (≈ Hemmnisse) der Konzentration. Zu den äußeren Hindernissen gehören z. B. fehlende bzw. unvollständige Arbeitsmaterialien, Unordnung am Arbeitsplatz, ein (zu) heißer oder (zu) kalter Arbeitsraum, Lärm ...

Konzentration verlangt Ruhe, Stille. In der heutigen Zeit bestehen zahlreiche Reize, die die Konzentration stören, indem sie ablenken und damit auch das Lernen mindern oder sogar verhindern. Solche Ablenkungsgefahren sind u. a. Handys und Smartphones. Diese sollten vorweg abgeschaltet bzw. aus dem Raum (vorübergehend) verbannt werden, in dem man lernen möchte. Gib der Ablenkung keine Gelegenheit (= Chance)! Mit dem Smartphone noch umfangreich zu recherchieren, wirkt der Konzentration und dem Lernen entgegen. Aufwändige Recherchen (= Nachforschungen) zu einem Thema sollten vorweg erfolgt sein, sodass ein Überblick und Grundwissen schon vorhanden sind. Über Musik wird allgemein gesagt: „Mit Musik geht alles besser." Wissenschaftler weisen aber darauf hin, dass Musik doch weitgehend die Konzentration stört. Allerdings soll lt. neuer Untersuchungen fröhliche Musik zur Kreativität beitragen (können).

Innere Hindernisse der Konzentration sind unter anderem Zeitdruck, Müdigkeit, Hunger, Durst, Ärger, Schmerzen. Von derartigen Beeinträchtigungen gilt es sich zu befreien, ja sich möglichst erst gar nicht aufkommen zu lassen.

Bedenke: Volle, tiefe Konzentration ermöglicht es (erst), Zusammenhänge, Muster, Schemata beim Lernen zu erkennen und sich zu merken.

Fehlersuche

EA

Aufgabe 1: *Der folgende Text weist einige Fehler auf. Finde die Fehler und verbessere den Text.*

Konzentration ist wichtig für das Lernen. Um sich konzentrieren zu können, sollte man sich gleichzeitig höchstens mit zwei Sachen befassen. Mit höherem Alter nimmt die Dauer der Konzentration ab. Heranwachsende im Alter von 15 Jahren können sich normalerweise bis zu einer ¾ Stunde lang konzentrieren. Zu viel Ruhe schadet der Konzentration. Ablenkungen können die Konzentration sehr stören. Handys und Smartphones beeinträchtigen, sich zu konzentrieren. Mit Musik geht jedoch alles besser, auch die Konzentration nimmt zu. Auch unter Zeitdruck kann erfahrungsgemäß die Konzentration gesteigert werden. Zu empfehlen ist es, vor der Konzentration möglichst wenig zu essen sowie zu trinken.

Setze die richtigen Wörter ein!

Der verbesserte Text:

Konzentration ist wichtig für das Lernen. Um sich konzentrieren zu können, sollte man sich gleichzeitig höchstens mit ____________________ befassen. Mit höherem Alter nimmt die Dauer der Konzentration ____. Heranwachsende im Alter von 15 Jahren können sich normalerweise bis zu ______________________________ lang konzentrieren. ______ ____. Ablenkungen können die Konzentration sehr stören. Handys und Smartphones beeinträchtigen, sich zu konzentrieren. Mit Musik geht __________ alles besser, ______________________________ ____________________. Auch unter Zeitdruck __________ erfahrungsgemäß die Konzentration ________. Zu empfehlen ist es, vor der Konzentration ________________ zu essen sowie zu trinken.

EA

Aufgabe 2: *Was kannst du sonst zum Thema Konzentration sagen? Notiere es in eigenen, ganzen Sätzen.*

____

____

____

____

____

____

____

____

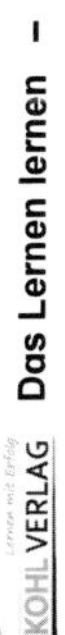

„Bulimie-Lernen“

In so etlichen Texten, die das Lernen betreffen, taucht der (etwas) sonderbar klingende Begriff „Bulimie-Lernen“ auf. „Bulimie-Lernen“ ist ein weit verbreitetes Phänomen insbesondere bei Schülerinnen/Schülern sowie Studentinnen/Studenten. Was ist „Bulimie-Lernen“?

Unter der Bulimie versteht man (eigentlich) eine Essstörung, genauer gesagt die Ess-Brech-Sucht. Das Wort ist davon herzuleiten:

bous (griech.) = Ochse; limos (griech.) = Hunger; boulimia (griech.) = Ochsenhunger, Stierhunger, Heißhunger

Kennzeichen der Bulimie ist ein mehr oder minder regelmäßiger starker Appetit, der dazu führt, übermäßig viel zu essen. Danach aber wird die Nahrung erbrochen.

Das medizinische Wort Bulimie wurde übertragen auf den Bereich Lernen. Der Begriff „Bulimie-Lernen“ ist noch relativ jung, was sich als Erscheinung dahinter verbirgt, jedoch schon älter. Unter „Bulimie-Lernen“ wird verstanden, es wird nicht (genügend) nachhaltig gelernt. Das jeweilige Lernen hat nur eine kurzzeitige Wirkung. „Bulimie-Lernen“ sagt aus: Der weitaus größte Teil, ja fast alles wird bereits nach relativ kurzer Zeit vergessen. Gelernt werde für Tests, Arbeiten und sonstige Prüfungen, unmittelbar danach sei bei ganz vielen Heranwachsenden das Gelernte schon wieder (weitgehend) weg. Als Gründe dafür werden hauptsächlich angeführt: Die Lerner messen dem zu lernenden Stoff keine (genügende) Bedeutung, kaum oder kein Nutzen bei. Vom Lernstoff wird angenommen, dass man es zukünftig nicht mehr braucht. Viele Dinge werden in der Schule im Unterricht nicht wiederholt, zumal auch die Zeit drängt, weitere Themen zu behandeln. Kritiker des bundesdeutschen Schulsystems beanstanden u. a., die Lehrpläne bzw. Bildungspläne würden (viel) zu viele zu behandelnde Themen aufweisen. Sich mit weniger Themen zu befassen, sei effektiver, würde also mehr bringen, vor allem wenn (öfter) Wiederholungen stattfinden. Es gehe darum, in der Schule Sinnvolles zu lernen, was später im Leben gebraucht werde, und Heranwachsende von der Sinnhaftigkeit zu überzeugen.

„Bulimie-Lernen“

EA

Aufgaben: **a)** *Wie ist die Herkunft des Begriffs „Bulimie“ zu erklären?*

____

____

____

____

____

____

b) *Erläutere, was mit „Bulimie-Lernen“ gemeint ist.*

____

____

____

____

c) *Wie bewertest du das „Bulimie-Lernen“? Begründe deine Bewertung.*

____

____

____

____

d) *Bist du ein „Bulimie-Lerner“?*

____

____

____

____

____

____

Lerntypen?

Des Öfteren ist darüber zu lesen und wird gesprochen von verschiedenen Lerntypen. Anstelle von Lerntypen wird manchmal auch der Begriff Lernstile gebraucht. Behauptet wird: Personen lassen sich jeweils einer bestimmten Grundform des Lernens zuordnen, die sie anwenden.

In der Fachliteratur differenziert man zwischen unterschiedlich vielen Lerntypen, wobei die Bezeichnungen dafür nicht einheitlich sind. So werden unterschieden:

- Der Seh-Lerntyp (= visueller Typ)
  [videre (lat.) = sehen, schauen, wahrnehmen; visio (lat.) = das Sehen, der Anblick]
- der Hör-Typ (= auditiver Typ)
  [audire (lat.) = hören; auditor (lat.) = Zuhörer]
- Bewegungs-Lerntyp (= motorischer, haptischer Typ)
  [movere (lat.) = bewegen, antreiben; motor (lat.) = Beweger]
  [haptein (griech.) = fassen]
- Der Sprech-Lerntyp (= verbaler, kommunikativer Typ)
  [verbum (lat.) = Wort;]
  [communicatio (lat.) = Mitteilung]
- Der Verstehende-Lerntyp (= intellektueller Typ)
  [intellectus (lat.) = Verständnis, Erkenntnis]
- ...

Zahlreiche Lerntypen-Tests werden in Zeitschriften, Büchern oder im Internet genannt oder sogar näher beschrieben. Viele dieser Tests sind weitgehend ähnlich aufgebaut. Die Tests setzen sich aus mehreren Teilen zusammen. Aufgabe für die Person, die ihren Lerntyp wissen möchte, ist jeweils, sich möglichst viele dargebotene Dinge im Gedächtnis zu merken und diese nach einiger Zeit nennen zu können:

- Die Person bekommt z. B. 20 Begriffe gesagt.
- Die Person erhält für eine gewisse Zeit ein Blatt Papier, auf dem z. B. 20 Begriffe notiert sind.
- Die Person kann sich vorübergehend ein Blatt anschauen, auf dem 20 Dinge abgebildet sind.
- Bei verbundenen Augen darf die Person 20 Gegenstände anfassen und abtasten.
- ...

Je nachdem, in welchem Bereich sich die Person an die meisten Dinge erinnern kann, ein dementsprechender Lerntyp sei die Person – eine (vor)schnelle, kühne, ja fragwürdige Behauptung.

Lerntypen?

EA

Aufgabe: *Was meinst du zu Lerntypen-Tests? Begründe deine Meinung.*

Die Differenzierung von Lerntypen ist (zwar) immer noch populär (= beliebt). Doch nach Ansicht der meisten heutigen Wissenschaftler ist die Unterscheidung nach Lerntypen nicht gerechtfertigt. Nach Auffassung von Experten lassen sich unterschiedliche Lerntypen nicht voneinander abgrenzen, nicht wissenschaftlich bestätigen. Sinnliche Wahrnehmungen durch Personen seien nicht gleichzusetzen mit Lernen. Letztlich lerne jede Person verschieden, indem sie verschiedene Formen des Lernens anwende. Kurzum gesagt: Jeder Mensch lernt (letztlich) verschieden.

Vor diesem Hintergrund verzichten wir im vorliegenden Band darauf, uns weiter mit der Thematik Lerntypen zu befassen.

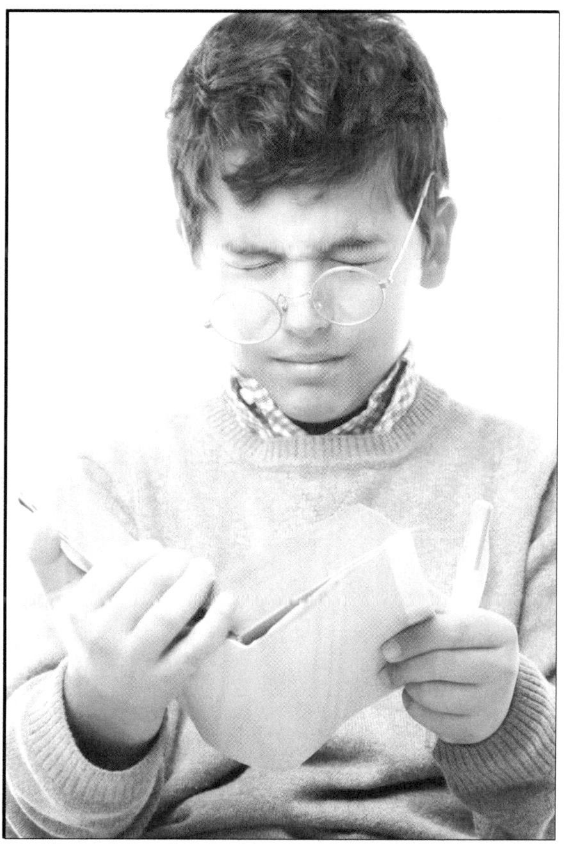

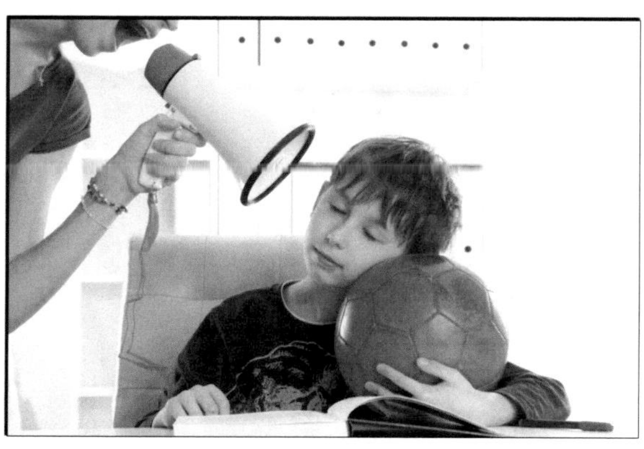

Lernen mit verschiedenen Sinnen

(Die) Menschen lernen mit ihren Sinnen, nicht allein mit einem einzigen Sinn. Umso mehr Sinne an den Lernvorgängen mitwirken, desto größer sind die Behaltensleistungen. Es gilt also, möglichst viele Sinne in die Lernprozesse einzubeziehen. Wissenschaftler betonen: Wenn zugleich mehrere Sinne angesprochen werden, lernt das Gehirn leichter.

Als die fünf klassischen Sinne gelten:

- **der Sehsinn (Sinnesorgane = die Augen),**
- **der Hörsinn (Sinnesorgane = die Ohren),**
- **der Tastsinn (Sinnesorgane = die Haut),**
- **der Geruchssinn (Sinnesorgane = die Nase),**
- **der Geschmackssinn (Sinnesorgane = die Zunge).**

Der in den Ohren befindliche Gleichgewichtssinn wird oftmals als 6. Sinn bezeichnet. Inzwischen wird in der Wissenschaft und wissenschaftlichen Forschung von weiteren Sinnen gesprochen wie dem Bewegungssinn, Temperatursinn, Schmerzempfindungssinn, Körperempfindungssinn ... Ob diese Sinne wirklich existieren und wenn in welcher Form, ist jedoch umstritten.

EA

Aufgabe 1: *Was merkst du dir aus dem Text bezogen auf das Thema Lernen? Schreibe es auf.*

EA

Aufgabe 2: *Schon der Pädagoge J. H. Pestalozzi (1746-1827) aus der Schweiz wies darauf hin, erfolgen müsse das Lernen „mit Kopf, Herz und Hand“. Erkläre näher, was J. H. Pestalozzi (wohl) mit dieser Aussage meinte.*

Veranschaulichung

Bei der Veranschaulichung geht es um das Sehen, angesprochen wird insbesondere der Sehsinn. Bezeichnet wird die Veranschaulichung auch als Visualisierung. Die Veranschaulichung hat einen hohen Stellenwert für das Lernen. Dem Sehen wird u. a. eine größere Bedeutung beigemessen als dem (reinen) Hören.

Bekanntlich heißt ein Sprichwort: „Ein Bild sagt mehr als 1 000 Worte." Diese Aussage soll im Jahr 1921 vom US-Amerikanischen F. R. Barnard als Werbeslogan genannt worden sein. Die Aussage wurde von Barnard als chinesisches Sprichwort hingestellt. Anschaulichkeit ist eine wichtige Bedingung, um Kenntnisse und Erkenntnisse zu gewinnen sowie im Gedächtnis zu behalten. Bei der Veranschaulichung von Dingen und Abläufen wird zwischen vier Bereichen unterschieden:

- Realbegegnungen,
- Nachbildungen (Modelle, Karten, Skizzen ...)
- Abbildungen (Bilder, Dias, Filme ...),
- Symbolen (= Zeichen).

Experimente gehören zu den operativen Veranschaulichungen.

Die Vermittlung von Lernstoff sollte mehr als bisher auf der bildhaften Ebene, weniger auf der abstrakten Ebene erfordern, so fordern manche Lernpsychologen. Kritisiert wird zudem, oft sei der Unterricht zu sehr verbal bestimmt. Der Unterricht müsste mehr die Veranschaulichung einbeziehen, denn diese sei sehr wichtig für das Lernen.

Es kommt nicht auf die Anzahl (= Quantität) der Abbildungen an, sondern vielmehr auf deren Qualität. Wenig(er), ganz gezielt ausgewählte Abbildungen bringt mehr für das Lernen als (zu) viele Abbildungen. Differenziert wird zwischen bewegten bildlichen Darstellungen und solchen, die unbewegt sind. Unbewegte bildliche Darstellungen (= Bilder), die nicht flüchtig betrachtet werden, dafür gründlich analysiert werden, sollen beim Lernen wirksamer sein als (zu viele) bewegte bildhafte Darstellungen (= z. B. Filme).

Im weit gefassten Sinne kann die Veranschaulichung auch am eigenständigen Lesen anknüpfen. Beim eigenständigen Lesen entstehen beim Leser bildhafte Vorstellungen, die dem Lernen dienen (können). Dies ist in der Fachliteratur zu lesen.

EA

Aufgabe 1: *Notiere in eigenen Sätzen einen (möglichst) zusammenhängenden Text, was du zur Thematik Veranschaulichung sagen kannst.*

____

____

____

____

____

____

____

Veranschaulichung

Aufgabe 2: *Was kannst du sagen, wenn du das Bild siehst?*
Worauf macht das Bild aufmerksam?
Woran denkst du beim Betrachten des Bildes?

____

____

____

____

____

____

„Ein Bild sagt mehr aus 1000 Worte."

Mindmaps

Um erfolgreich zu lernen, wird auch das selbstständige Erstellen von Mindmaps empfohlen. Der englischsprachige Begriff Mindmap bedeutet in das Deutsche übertragen in etwa so viel wie „Gedächtnis(land)karte“. Der Vorgang des Erstellens von Mindmaps und das Arbeiten damit werden Mindmapping genannt. Der britische Lernpsychologe und Autor Anthony Peter Buzon (1942-2019) entwickelte die Idee der Mindmaps und prägte diesen Begriff Anfang der siebziger Jahre des 20. Jahrhunderts.

Mindmaps gelten als verarbeitete, einprägsame Darstellung des Lernstoffes, die Kenntnisse sowie Erkenntnisse verfestigen und diese wieder schnell abrufbar machen. Durch Mindmaps sollen (komplexe) Zusammenhänge übersichtlich dargestellt werden. Hilfreich sollen Mindmaps u. a. dabei sein, beide Gehirnhälften zu nutzen. Mindmapping erfordert vorweg, den Lernstoff durchzuarbeiten, sich einen Durchblick zu verschaffen und darauf aufbauend anschließend eine Mindmap zu verfassen.

Wie sehen Mindmaps aus?

Sie umfassen gewöhnlich jeweils (nur) eine Seite in der Größe DIN A4. Zur Erstellung einer Mindmap sollte man ein leeres, unliniertes Blatt Papier verwenden, das im Querformat benutzt wird. In der Mitte des Blattes wird kurz das zentrale Thema (= Hauptthema) des Lernstoffes notiert. Von dem Mittelpunkt des Blattes aus werden stärkere Linien (= „Äste“) gezogen, auf denen die (wichtigsten) Unterthemen aufgeschrieben werden, die zum zentralen Thema gehören. Danach werden von den wichtigsten Unterthemen aus dünne(re) Linien (= „Zweige“) gezeichnet, auf denen dazugehörige Unterpunkte/Aspekte angeführt werden. Man kann sagen: Mindmaps mit ihren „Ästen“ und „Zweigen“ ähneln zum Teil den Baumdiagrammen.

Was in Mindmaps genannt wird, gilt es möglichst kurz in Wörtern schriftlich festzuhalten (z. B. als Schlüsselbegriffe), da sonst die Gefahr besteht, dass die Mindmaps übervoll sind und der Überblick verloren geht. Vorgeschlagen wird, in Mindmaps Farben zu verwenden, um Dinge z. B. nach der Wichtigkeit zu kennzeichnen. Auch kleine Skizzen und/oder Symbole (= Zeichen) können in Mindmaps eingefügt werden.

EA

Aufgabe: *Mindmaps – was sind das?*

Mindmaps

Ein Beispiel für eine Mindmap:

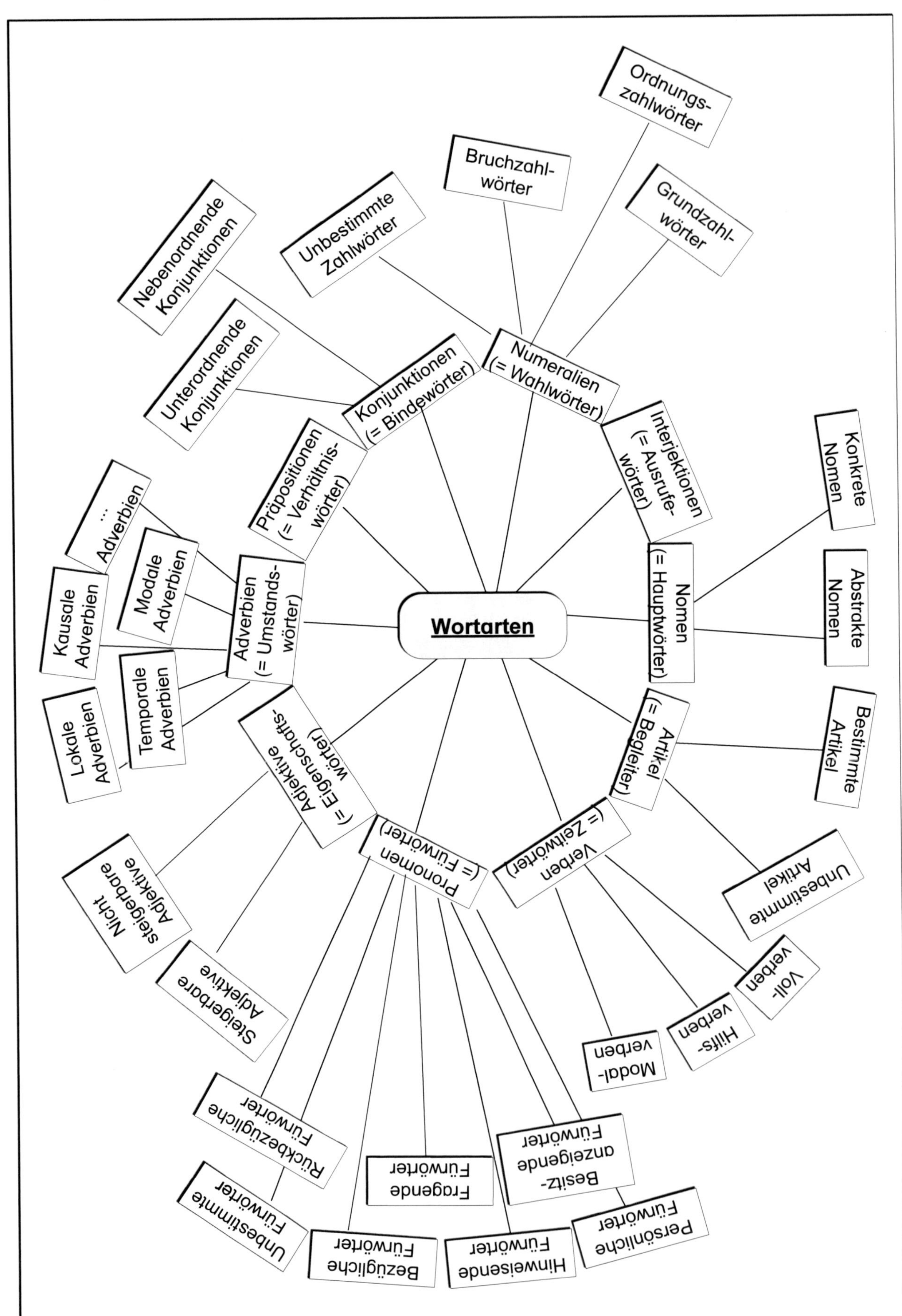

Concept-Maps

Auch das Erstellen von Concept-Maps kann für das Lernen nützlich sein. Die Idee der Concept-Maps geht auf den US-amerikanischen Pädagogen Joseph Donald Novak (1930 geb.) zurück, der die Methode zu Beginn der siebziger Jahre des 20. Jahrhunderts entwarf. Übersetzt in die deutsche Sprache lassen sich Concept-Maps als „Begriffs(land) karten" bezeichnen. Einmal mehr hat auch das englischsprachige Wort „concept" seinen Ursprung in Latein: conceptus (lat.) = Gedanke, Vorstellung

Ebenso wie Mindmaps verbinden Concept-Maps Grafik mit Text. Concept-Maps und Mindmaps ähneln sich, unterscheiden sich letztlich aber doch. Im Gegensatz zu Mindmaps wird das Hauptthema nicht in der Mitte der Seite genannt, sondern oben. Durch Concept-Maps werden Begriffe (englischsprachig: concepts) und ihre Zusammenhänge netzartig dargestellt, nicht in Form einer Baumstruktur. Concept-Maps weisen in der Regel Rechtecke und langgezogene Linien mit jeweils einer Pfeilspitze auf. In den Rechtecken werden Begriffe als Nomen angeführt, auf den langgezogenen Linien Vorgänge oder Zustände als Verben + evtl. Verben in Verbindung mit Präpositionen.

Das Verfassen von Concept-Maps erfordert mehr Zeit und ist anspruchsvoller als das Entwerfen von Mindmaps. Von daher richtet sich das Erstellen von Concept-Maps (eher) an Schüler(innen) höherer Klassenstufen, besonders an Leistungsstärkere.

EA

Aufgabe 1: *Welche Gemeinsamkeit weisen Mindmaps und Concept-Maps auf?*

____

____

____

EA

Aufgabe 2: *Wodurch unterscheiden sich Mindmaps und Concept-Maps?*

Mindmaps: ________________________________

____

____

____

____

Concept-Maps: ________________________________

____

____

____

____

Concept-Maps

Ein Beispiel für eine Concept-Map:

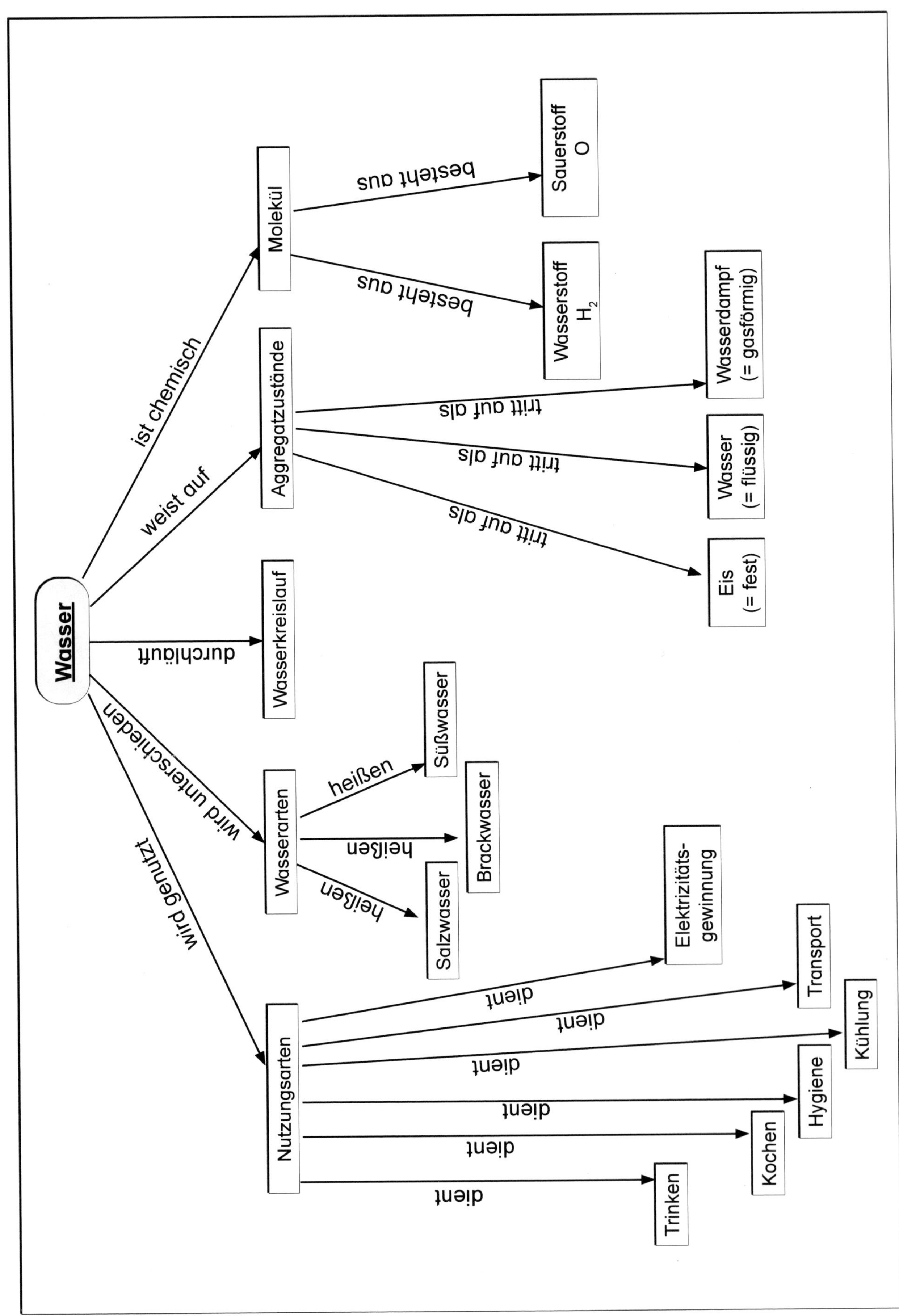

Grafiz

Zum Lernen wird auch vorgeschlagen, die Grafiz-Methode anzuwenden. Zu lesen ist, der Schweizer Andreas Müller (1950-2018) habe die Grafiz-Methode entwickelt. Grafiz ist ein zusammengesetztes Kunstwort aus zwei bekannten Wörtern. Der Begriff aus den vier Anfangsbuchstaben des Wortes Grafik sowie den beiden Endbuchstaben des Wortes Notiz. Von daher wird der zusammengesetzte Begriff des Öfteren ebenfalls so geschrieben: Graf-iz

Das Grafiz ist eine Vorgehensweise, bei der Grafisches (= Zeichnerisches) mit Text verknüpft wird. In einem Grafiz heißt es, aufgenommene Informationen zu einem Thema, die wesentlich und durchdacht sind und verkürzt im Überblick wiederzugeben. Ein Grafiz umfasst jeweils eine Seite (gewöhnlich im DIN A4-Format). Die Seite des Grafiz ist unterteilt in mehrere Bereiche:

Thema:	Name:	Datum:
Zeichnungen, Skizzen oder Schaubilder:		Wichtige Aussagen in Stichwörtern:
Zusammenhängender Text in eigenen, vollständigen Sätzen:		
Quellenangaben für weitere Informationen:		

Beispiel für ein Graf-iz:

Thema:	Name:	Datum:
Gewaltenteilung Aufteilung der Staatsgewalt in: Parlament – Gesetzgebende Gewalt Regierung – Ausführende Gewalt Gerichte – Richterliche Gewalt		- Ablehnung des Absolutismus (= Alleinherrschaft) durch Philosophen (= Denker) der Aufklärung Wichtigste Forderungen der Aufklärer: - Verwirklichung der allgemeinen Menschenrechte; - Gewaltenteilung
Die Aufklärer traten ein für allgemeine Menschenrechte. Zu den allgemeinen Menschenrechten gehören das Recht auf Leben, Meinungsfreiheit, Glaubensfreiheit, Gleichheit vor Gericht, Recht auf Eigentum ... Die Staatsgewalt sollte in drei Gewalten aufgeteilt werden, um die Alleinherrschaft zu verhindern: Die drei unabhängig voneinander wirkenden Gewalten wurden und werden bezeichnet als gesetzgebende Gewalt (= Legislative), ausführende Gewalt (Exekutive) und richterliche Gewalt (= Judikative).		
Zur Gewaltenteilung vgl. den französischen Philosophen de Montesquieu (1689 - 1755)!		

EA

Aufgabe: *Beschreibe in vollständigen, eigenen Sätzen als zusammenhängender Text, wie die Seite einer Grafiz gegliedert ist. Was erfolgt wo?*

Die Methode PQ4R

In der Fachliteratur zum Thema Lernen ist u. a. die Methode PQ4R [ausgesprochen in englischer Sprache: „pi – kju – four – ar“] vorzufinden. Diese Methode wurde Anfang der 70er Jahre des 20. Jahrhunderts von den beiden US-Amerikaner E. L. Thomas und H. A. Robinson entwickelt und erstmals veröffentlicht, wobei anzumerken ist, dass es schon damals ähnliche methodische Vorläufer gab. Die Methode PQ4R ist eine Technik, Texte beim Lernen zu bewältigen.

Zusammengesetzt ist die Methode aus insgesamt 6 Schritten. Die englischsprachige Bezeichnung der Methode deutet auf diese 6 Schritte hin. Bezeichnet wird:

- der 1. Schritt als Preview (= Vorschau);
- der 2. Schritt als Questions (= Fragen);
- der 3. Schritt als Read (= Lesen);
- der 4. Schritt als Reflect (= Nachdenken);
- der 5. Schritt als Recite (= Wiedergeben);
- der 6. Schritt als Review (= Rückblick).

Die Methode ist benannt nach dem jeweiligen Anfangsbuchstaben der Bezeichnung der einzelnen Schritte.

Der Text soll im 1. Schritt überflogen werden. Im 2. Schritt geht es darum, konkrete Fragen bezogen auf den Text zu formulieren (z. B. mit Hilfe sogenannter W-Fragen [siehe W-Fragen-Uhr auf der Seite 38]. Danach heißt es im 3. Schritt, den Text (sehr) gründlich zu lesen, um die formulierten Fragen beantworten zu können. Der 4. Schritt sieht vor, in Ruhe intensiv über den Text nachzudenken. Möglicherweise sind noch Fragen nicht gestellt oder Antworten offengeblieben, die von Bedeutung sind. Wenn ja, welche? Welche Antworten gibt darauf den Text? Lässt der Text Fragen offen? Kann man den Text kritisieren? Was ist zu kritisieren? Aufgabe im 5. Schritt ist es, möglichst alle Fragen zum Text schriftlich zu beantworten, ohne nochmals im Text nachzuschauen. Alternative ist, mündlich oder nur gedanklich einen Vortrag über den Text(inhalt) zu halten. Der 6. Schritt beinhaltet, zumindest gedanklich den Text in seinem wesentlichen Inhalt zusammenzufassen und/oder die Hauptfragen zu beantworten. Zu lesen ist, die Methode PQ4R habe sich erfolgreich erwiesen.

Die Methode PQ4R

EA

Aufgaben:

a) Versuche die Methode PQ4R anzuwenden. Suche dir dafür selbst einen Text aus. Eine andere Lösung: Du fragst (d)einen Lehrer nach einem geeigneten Text.

b) Wie beurteilst du die Methode PQ4R nach der Anwendung an einem Text?

c) Welche Vorteile und welche Nachteile hat deiner Meinung nach die Methode PQ4R?

d) Hast du Verbesserungsvorschläge für die Methode PQ4R? Wenn ja, welche Verbesserungsvorschläge?

Die W-Fragen-Uhr

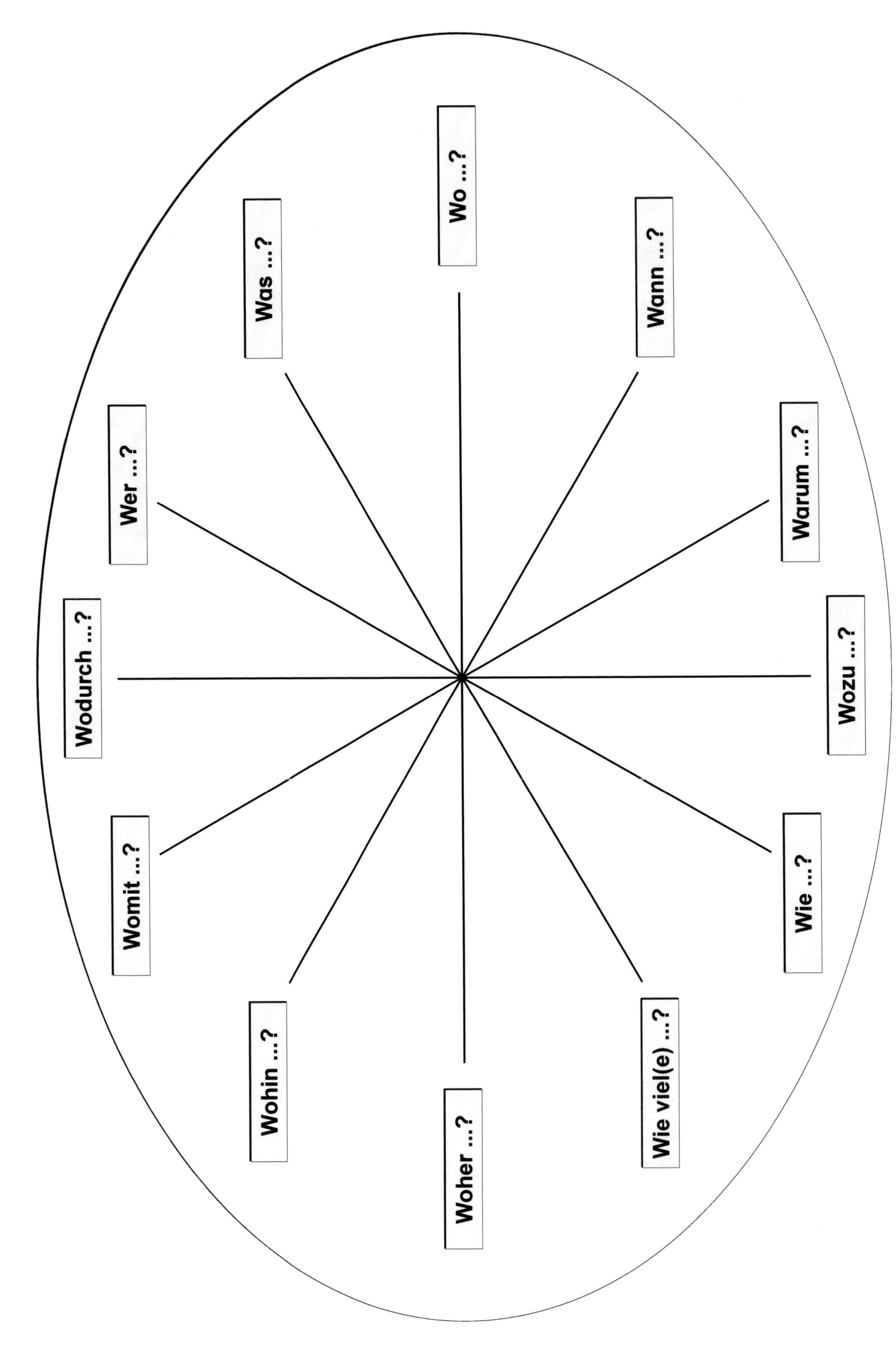

Test Nr. 1 bzw. Arbeit Nr. 1

1. Erkläre kurz, was allgemein mit dem Begriff Lernen gemeint ist.

2. Was ist intrinsische Motivation?

3. Extrinsische Motivation – was ist das?

4. Nenne vier verschiedene Lernmotive?

5. Was wird unter Leistungsmotivation verstanden?

6. Erläutere Unterschiede zwischen behavioristischen, kognitiven und konstruktivistischen Lerntheorien.

7. Was kannst du zur Formel Lernmotivation von H. Heckhausen sagen?

KOHL VERLAG Das Lernen lernen – Bestell-Nr. 12 720

Test Nr. 1 bzw. Arbeit Nr. 1

8. Inwiefern spielt das Gehirn beim Lernen eine sehr wichtige Rolle?

9. Welche drei verschiedene Gedächtnissysteme werden gewöhnlich unterschieden?

10. Extrinsische Motivation – was ist das?

11. Notiere zwei wichtige Aussagen zur Konzentration beim Lernen.

12. Was wird als „Bulimie-Lernen" bezeichnet?

13. Was sagen Wissenschaftler zum Thema Lerntypen?

14. Zwischen welchen 5 klassischen Sinnen des Menschen wird differenziert?

Test Nr. 1 bzw. Arbeit Nr. 1

15. Welche Bedeutung hat die Veranschaulichung für das Lernen?

16. Was sind Mindmaps?

17. Concept-Maps – was sind das?

18. Wodurch unterscheiden sich Mindmaps und Concept-Maps u. a.?

19. Was bedeutet Grafiz?

20. Erkläre kurz die Methode PQ4R.

Vorgehen bei der Bearbeitung von Lernthemen

Aufgabe: *Bringt die folgenden fünf Begriffe (= Lernschritte) in eine (chrono)logische Reihenfolge für die Bearbeitung von Lernthemen! Welcher Schritt sollte an 1. Stelle stehen, welcher an 2. Stelle, welcher an 3. Stelle, welcher an 4. Stelle und welcher an 5. Stelle? Erklärt auch näher, was (wohl) mit jedem Schritt gemeint ist.*

Ausblick – Durchblick – Einblick – Rückblick – Überblick

1. Stelle:

____

____

____

____

2. Stelle:

____

____

____

____

3. Stelle:

____

____

____

____

4. Stelle:

____

____

____

____

5. Stelle:

____

____

____

____

Zusammenfassungen

Lernen heißt den Sachverhalt zu (er)kennen und ihn zu durchdringen. Mit (reinem) Auswendiglernen kommt man häufig nicht weit. Manche Lernexperten vergleichen den Lernstoff mit einem Dschungel, durch den ein oder sogar mehrere Wege (= Pfade) gefunden werden müssen.

Um dies im übertragenen Sinne zu schaffen, wird u. a. vorgeschlagen und kann lernerfolgreich sein, bezogen auf jeweiligen Lernstoff eine Zusammenfassung zu erstellen. Was als Lernstoff dargeboten wird, gilt es selbst in Schlagwörtern, ja möglichst in vollständigen, eigenen Sätzen zusammenzutragen. Dies bedeutet, dass die Zusammenfassung das Wesentliche, Entscheidendes zum Thema enthalten muss. Unwesentliches ist wegzulassen. Eine Zusammenfassung zu schreiben, fordert die eigene Aktivität im stärkeren Maße heraus als das „bloße" Lesen ...

Zwar benötigt das Erstellen einer Zusammenfassung (mit möglichen Beispielen, Skizzen ...) mehr Zeit, dafür bleiben Informationen im Gedächtnis länger, wenn nicht sogar dauerhaft hängen. Darauf weisen Lernpsychologen und Neurowissenschaftler im heutigen Zeitalter der Digitalisierung hin. Und solche Zusammenfassungen - manche „Digitalisierungsfanatiker" mögen es nicht oder kaum glauben - sollten per Hand geschrieben sein. Bei Lernuntersuchungen schnitten Teilnehmer, die handgeschriebene Zusammenfassungen zu Themen angefertigt hatten, besser ab als Personen, die Zusammenfassungen an Computer(geräten) verfasst hatten. Handgeschriebenes wird besser im Gehirn verarbeitet und behalten. Bei der Schreibung mit der Hand werden – so die sinngemäßen Aussagen von Wissenschaftlern - *die Motorik*[1] *(= Bewegung), die Haptik*[2] *(= Tasten)* sowie die Wahrnehmung wirksam(er) miteinander verbunden. Gesagt wird: „Gut notiert (als Zusammenfassung) ist halb(wegs) gelernt!" Zusammenfassungen zu schreiben ist jedoch nicht einfach, will gelernt sein, was Zeit erfordert.

[1] *motor (lat.) = Bewegung*
[2] *hatpein (griech.) = fassen*

Zusammenfassungen

EA

Aufgabe 1: Erstelle eine Zusammenfassung (≈ Inhaltsangabe) des vorherigen Textes.

EA

Aufgabe 2: Wie bewertest du den Inhalt des vorherigen Textes? Was hältst du davon, dass Zusammenfassungen handgeschrieben sein sollten? Begründe deine Bewertung/Meinung.

„Eselsbrücken“

„Eselsbrücken“ sind Hilfen, sich Dinge zu merken. Man kann sie auch als Merkhilfen oder Denkhilfen bezeichnen. Das zusammengesetzte Wort „Eselsbrücken“ wird damit erklärt: Esel hatten und haben Angst, durch Wasser (z. B. eines Baches) zu gehen. Deshalb baute man ihnen an Furten (= flachen Stellen von Wasserverläufen) kleine, sichere Brücken, um das Wasser zu überqueren ...

Etliche „Eselsbrücken“ gibt es als Paarreime (= gereimte „Eselsbrücken“).

Zwei Beispiele:

- Liebe Leute groß und klein, geteilt durch Null lasst das sein!“
- „Bei seit geht es um die Zeit.“

Die bedeutet: Die Präposition (= Verhältniswort) „seit“ wird am Ende mit „t“ geschrieben, also nicht mit „d“ wie das Verb (= Zeitwort) „seid“.

Bei „Eselsbrücken“ muss man also nicht nur wissen, wie sie heißen, sondern auch, was damit jeweils gemeint ist. Manche „Eselsbrücken“ sind einfache Sätze wie z. B.:

„**I**ch **v**erstehe ni**x**, **l**ass **C**aesar **d**as **m**achen.“ Mit diesem Satz ist es möglich, sich die sieben römischen Zahlzeichen zu merken. Der jeweilige Anfangsbuchstabe der Wörter und einmal der umgangssprachlich veränderte Endbuchstabe stehen für die römischen Zahlzeichen, aus denen römische Zahlen zusammengesetzt sein können:

Ich	→ I	=	1
verstehe	→ V	=	5
nix,	→ X	=	10
lass	→ L	=	50
Caesar	→ C	=	100
das	→ D	=	500
machen.	→ M	=	1 000

Als „Eselsbrücke“ kann auch z. B. ein konstruiertes (≈ ausgedachtes) Wort dienen. Ein Beispiel: SKOFGA

Mit diesem Wort kann man sich einprägen, wie Tiere in der Biologie systematisch eingeteilt und zugeordnet werden:

S	=	Stamm
K	=	Klasse
O	=	Ordnung
F	=	Familie
G	=	Gattung
A	=	Art

Noch ein Beispiel für eine „Eselsbrücke“ ist der englischsprachige Satz: „May I have a drink?“ Damit lässt sich merken, mit welchen Ziffern die Kreiszahl π beginnt: Die Anzahl der Buchstaben der Wörter gibt an, welche Ziffern in welcher Reihenfolge vorkommen:

May	→	3 Buchstaben
I	→	1 Buchstabe
have	→	4 Buchstaben
a	→	1 Buchstabe
drink?	→	5 Buchstaben

Also lautet die Kreiszahl π 3,1415 ...

„Eselsbrücken"

EA

Aufgabe 1: *Kennst du weitere „Eselsbrücken"? Wenn ja, schreibe sie auf.*

___

___

___

EA

Aufgabe 2: *Suche im Internet nach weiteren (geeigneten) „Eselsbrücken" und notiere sie.*

___

___

___

Um sich Dinge zu merken, lassen sich auch selbst „Eselsbrücken" bauen. Wir halten fest, dass sich „Eselsbrücken" vor allem konstruieren lassen:

- als aus jeweils 2 Zeilen bestehender Paarreim;
- als (kurzer) Satz, in dem die Anfangsbuchstaben der Wörter den ersten Buchstaben von Begriffen oder Namen entsprechen;
- als ausgedachtes Wort (= „Fantasiewort"), in dem jeder Buchstabe identisch für einen bestimmten Begriff bzw. Namen steht;
- als Gleichheit von Buchstaben im Begriff und dessen Kennzeichen
  Beispiel: Pr<u>o</u>tonen p<u>o</u>sitiv geladen, El<u>e</u>ktronen n<u>e</u>gativ geladen;
- als Grafik, d. h. ein Begriff wird gedanklich mit einem Bild verknüpft

<u>Beispiele</u>: Das englische Vokabel „plate" für „Teller" merkt man sich bildlich damit, dass ein Teller auf einer Tischplatte steht.

Der Begriff „Revolution" wird in Gedanken in Verbindung gebracht mit der Abbildung eines Revolvers.

„Eselsbrücken“

EA

Aufgabe 3: *Ergänze die anschließend angesprochenen „Eselsbrücken“ (= Merkhilfen). Erläutere zudem, was jeweils gemeint ist.*

a) „Das „s“ in „das“ muss allein bleiben, kannst du dafür „dieses“, „welches“ oder

____.

b) „Da, wo man spricht, vergiss beim Schreiben ____________________

__________________________.“

c) „Hat es den Anschein, kann es sein. Der Schein aber legt ________________

______________________.“

d) „Punkt vor Strich, die Klammer jedoch sagt: ____________________.“

e) „Aus Differenzen und Summen kürzen nur ____________________.“

f) „Wer nicht kürzt zur rechten Zeit, muss rechnen fast bis ________________

______________________.“

g) „He, she, it nimmt (jeweils) ein __________________________.“

h) „Sometimes, always, never, just stets (nur) vor das (jeweilige)

____.“

i) „Nie ohne ____________________________________!“

j) „Mein Vater erklärt mir jeden __________________________.“

k) „Wenn die Schwalben tiefer fliegen, werden wir bald ________________

__________________________.“

l) „Gut gekaut ist __________________________________.“

m) „Gieße nie Wasser auf die Säure, ________________________

________________________.“

n) „Die Base ist eine Frau, sie färbt ________________________.“

o) „Der Schall braucht seine Zeit. In der Luft kommt er in drei Sekunden

____.“

p) „Wenn du herausbekommen willst Ampere, ______________________

____

____

____.“

q) „Sieben – fünf – drei der Sage nach schlüpft ____________________.“

r) „Eins – sieben – acht – neun, da kann sich ____________________.“

s) „Caesar, der Elch, frisst gegen ________________________.“

t) „Eine Flasche hohes ____!“

KOHL VERLAG Das Lernen lernen – Bestell-Nr. 12 720

Schlaf, eine Lernvoraussetzung

EA

Aufgabe: *Verbinde jeweils per Linie und durch Notieren derselben Zahl, welcher Satzanfang und welche Satzendung zusammengehören.*

Nr.	Satzanfänge
1	Lernen setzt ausreichend
2	Zum Lernen gilt es,
3	Wie viel (Stunden) Schlaf jemand braucht,
4	Je jünger Heranwachsende sind,
5	Genügend Schlaf ist u. a. erforderlich,
6	Auch wirkt sich ausreichend Schlaf
7	Am Vormittag und am (späten) Nachmittag/frühen
8	Lernvorgänge finden auch während
9	Im Tiefschlaf verarbeitet und festigt das Gehirn,
10	Nur das Buch vor dem Schlaf unter das Kopfkissen zu

Nr.	Satzendungen
	desto mehr Schlaf benötigen sie gewöhnlich.
	um sich konzentrieren zu können.
	legen reicht nicht zum Lernen und Behalten aus.
	positiv auf das Erinnerungsvermögen aus.
	des Schlafes statt.
	Schlaf voraus.
	was es vor dem Schlaf neu an Informationen aufgenommen hat.
	ist von Person zu Person unterschiedlich.
	Abend sind die meisten Personen am lernfähigsten.
	ausgeschlafen sein.

Schreibe jetzt die 10 Sätze in der richtigen Reihenfolge vollständig auf.

Ernährung und Lernen

Ebenfalls die Ernährung spielt für das Essen eine wesentliche Rolle. Ein wohlbekanntes Sprichwort sagt mit Recht: „Ein voller Bauch studiert nicht gern." Auch ein leerer Bauch wirkt dem Lernen entgegen. Der Mensch benötigt Nahrung auch zum Lernen, nicht zu viel und nicht zu wenig.

Empfohlen wird, dass man erst eine Stunde nach der Mahlzeit anfängt zu lernen. Gesunde Nahrung trägt dazu bei, sich zu konzentrieren und Lernleistungen zu vollbringen. Genügend Trinken ist ebenso dafür erforderlich. Ganz wichtig ist es besonders für Heranwachsende, morgens zu frühstücken. Als Frühstücksnahrung eigenen sich vor allem u. a. Vollkornprodukte (Brot, Haferflocken, Müsli ...) und Molkereiprodukte (Käse, Joghurt ...).

Morgens im Zeitraum von ca. 10-11 Uhr (= „10-11 Uhr-Loch") können die Lern- und Konzentrationsfähigkeiten vermindert oder sogar verhindert werden u. a. dadurch, dass sich nicht mehr ausreichend Zucker im Blut befindet. Dies lässt sich durch das Essen eines Apfels verhindern. Äpfel enthalten nämlich Zucker, aber zudem Vitamine, Ballaststoffe, Flüssigkeit ... Zu viel zu sich zu nehmen, ist nachteilig für das Lernen, ja sogar ungesund für den Körper. Überzuckerte Lebensmittel, Süßigkeiten, Fast Food wirken sich negativ auf das Lernen aus. Fünf Mahlzeiten über den ganzen Tag verteilt werden vorgeschlagen.

Ernährung und Lernen

EA

Aufgabe: *Ergänze die nachfolgenden Satzanfänge zu ganzen Sätzen.*

a) Zum Lernen braucht der Mensch ______________________________.

b) Bezogen auf das Lernen gibt es u. a. das Sprichwort „______________________________

______________________________."

c) Eine Stunde nach der jeweiligen Mahlzeit ______________________________.

d) Zu frühstücken ist ______________________________.

e) Zum Frühstück sind zu empfehlen: ______________________________

______________________________.

f) Das sogenannte „10-11 Uhr-Loch" kann entstehen durch ______________________________

______________________________.

g) Das Essen eines Apfels ______________________________.

h) In Äpfeln sind u. a. enthalten ______________________________.

i) Nachteilig für das Lernen ______________________________.

j) Am Tage sollte man ______________________________.

Ordnung und Lernen

Sprichwörter sind in der Regel Weisheiten aus dem Leben. Ein altes Sprichwort lautet: „Ordnung ist das halbe Leben." Dieses Sprichwort wird manchmal ergänzt durch die neuere Bemerkung: „Nur das Genie überblickt das Chaos." Von Albert Einstein (1879-1955) soll das anmaßende Zitat stammen: „Ordnung braucht nur der Dumme, das Genie beherrscht das Chaos." Es stellt sich dabei die Frage: Aber wer ist ein Genie? Manche mögen sich für ein Genie halten, sind es aber nicht.

Wie dem auch jeweils sei, das Lernen erfordert Ordnung. Um zu lernen, ist es notwendig, dass äußere und innere Ordnung bestehen! Äußere Ordnung meint und verlangt u. a.: Im Raum, wo man lernen möchte, herrscht keine Unordnung oder sogar Chaos[1]. Auch gehört dazu, auf dem Arbeitstisch herrscht Ordnung. Ordnung umfasst auch, sich zum Lernen überlegt einen Zeitplan zu erstellen, an den man sich hält. Das Führen von Lerntabellen trägt zu Lernerfolgen bei. Unordnung stört die Lernkonzentration, lenkt ab. Bei der inneren Ordnung geht es um das bewusste Lernen. Das beinhaltet, strukturiert zu lernen, seine Gedanken gezielt zu strukturieren[2], sich Klarheit(en) zu verschaffen. Ebenfalls überlegt geeignete Lernstrategien und Lerntechniken anzuwenden, das zählt zur inneren Ordnung beim Lernen. Innere Ordnung und äußere Ordnung stehen in einem Zusammenhang. Äußere Ordnung führt zu innerer Ordnung, zumindest ist es möglich. Leider zeigt die heutige Schulrealität: Etlichen Heranwachsenden mangelt es an äußerer und innerer Ordnung im Hinblick auf das Lernen.

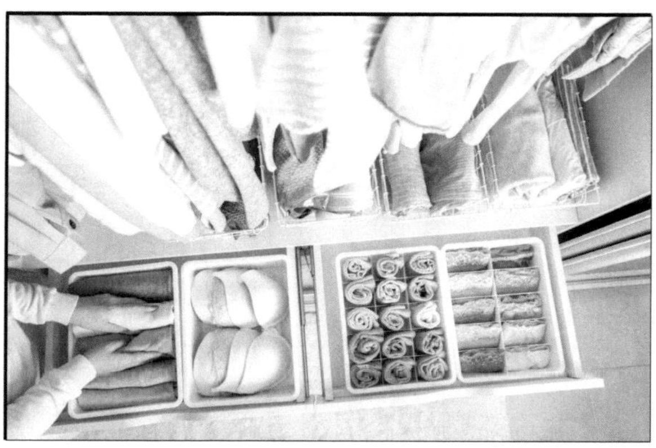

[1] *Chaos = Unordnung, Durcheinander* [*Chaos = in der englischen Sprache: mess*; Von daher kommt die heutzutage in der deutschen Sprache gebrauchte Bezeichnung „Messie". Als „Messies" gelten Personen, denen es nicht gelingt, Ordnung zu halten (insbesondere in der eigenen Wohnung.)]

[2] *structura (lat.) = Zusammenfügung, Ordnung, Schichtung*

Ordnung und Lernen

EA

Aufgaben: **a)** *Welche Bedeutung hat Ordnung für das Lernen?*

b) *Welche zwei Arten der Ordnung werden unterschieden?*

c) *Erläutere den Unterschied zwischen äußerer Ordnung und innerer Ordnung.*

d) *Welcher Zusammenhang besteht zwischen äußerer Ordnung und innerer Ordnung?*

e) *Beschreibe näher: Welche innere und welche äußere Ordnung ist bei dir beim Lernen vorhanden?*

Der Arbeitsraum (= Lernort)

Anforderungen an den Arbeitsraum (= Lernort):

Raumtemperatur
Nicht niedrig, aber auch nicht (zu) warm (ca. 20 °Celsius)

Genügend Durchlüftung des Raumes

Ordnung im Arbeitsraum

Angenehmer Geruch (z. B. durch eine Duftkerze)

Empfehlenswert: Pflanzen vor Ort

Vorhandene Arbeitsmaterialien, u. a. verschiedene Schreibstifte und Textmarker

Schreibtisch mit einer mindestens 1,20 x 0,80 m großen Schreibfläche

Ausreichende Beleuchtung

Schreibpapier, Papierkorb

Möglichst ein in der Höhe verstellbarer Sitzplatz

Aufgabe 1: *Was hältst du sonst noch für erforderlich? Schreibe es auf.*

___

___

Aufgabe 2: *Verfasse u. a. mit Hilfe der stichwortartig genannten Bemerkungen einen zusammenhängenden Text in eigenen, vollständigen Sätzen zum Thema „Der Arbeitsraum (= Lernort)“.*

___

___

___

___

KOHL VERLAG Das Lernen lernen – Bestell-Nr. 12 720

Anstrengung(sbereitschaft)

Als Anstrengungsbereitschaft kann man den Willen bezeichnen, sich anzustrengen. Anstrengung heißt, sich in einer Anforderungssituation zu bemühen, sich nicht davon (von vornherein) zu distanzieren. Auch das Lernen setzt Anstrengungsbereitschaft voraus. Im Weiteren gilt es, sich wirklich anzustrengen, dies nicht vorzutäuschen.

Es gibt Anspannungen und Entspannungen im Leben des Menschen. Anstrengungen sind Anspannungen, sie fordern die Personen (heraus). Zu den Anstrengungen gehört es, nicht nur leichte Aufgaben zu bewältigen, sondern zudem schwierigere zu lösen versuchen. Dabei ist des Öfteren Ausdauer erforderlich.

Wer sehr viele Jahre lang als Lehrer in Deutschland tätig gewesen ist, kann den Eindruck gewinnen: Im Vergleich zu früher haben die Anstrengungsbereitschaft sowie die tatsächliche Anstrengung bei Heranwachsenden durchschnittlich gesehen abgenommen. Wenn man heutzutage im Leben (zu) viele Dinge geboten bekommt, lassen zugleich die Anstrengungsbereitschaft und die wirkliche Anstrengung nach. Warum und wozu soll ich mich denn anstrengen? Ist doch nicht nötig.

EA

Aufgabe: **a)** *Was ist der Unterschied zwischen Anstrengungsbereitschaft und Anstrengung?*

____

____

b) *Was hältst du davon, was im letzten Abschnitt des Textes ausgesagt wird? Begründe deine Meinung.*

____

____

c) *Wie anstrengungsbereit bist du?*

____

____

d) *Wann strengst du dich (sehr) an?*

____

____

e) *Nenne Situationen, in denen du dich wenig oder überhaupt nicht anstrengst.*

____

____

Körperliche Bewegung und Lernen

Wissenschaftler kritisieren, dass Menschen in der heutigen Zeit (zu) viel sitzen, anstatt sich zu bewegen. Lernexperten haben erkannt: Bewegung ist für das Lernen erheblich wichtiger, als früher angenommen wurde. Durch körperliche Bewegung wird das Lernen gefördert – so die Grundaussage.

Aufgrund der körperlichen Bewegung werde das Gehirn, das beim Lernen beansprucht wird, besser mit Sauerstoff versorgt. Gemäß wissenschaftlichen Untersuchungen lassen sich Vokabeln nach Sprints leichter lernen. Durch körperliche Bewegung könnten auch die mathematischen Leistungen vor allem der Grundschüler gesteigert werden. Sportliche Übungen (z. B. gymnastische Übungen mit Entspannungsphasen) begünstigen nach Ansicht von Lernexperten das Lernen. Argumentiert wird, Bewegung helfe ebenfalls gegen das Vergessen. Beim Lernen hin und her zu gehen, dabei laut vor sich hin über den Lerninhalt zu sprechen sowie wiederholt den Lernort zu wechseln, würden zu Lernerfolgen beitragen. Zudem verbessere körperliche Bewegung die Lernmotivation.

EA

Aufgaben: **a)** *Welche Bedeutung für das Lernen wurde der körperlichen Bewegung früher beigemessen?*

____

____

b) *Welche Bedeutung für das Lernen hat nach heutiger Auffassung von Lernexperten die körperliche Bewegung?*

____

____

c) *Was leistet die körperliche Bewegung im Hinblick auf das Lernen?*

____

____

____

____

____

d) *Was hältst du davon, sich körperlich zu bewegen, mit anderen Worten Sport zu treiben?*

____

____

Erzählen und Erklären

Ob jemand (etwas) gelernt hat, zeigt sich darin, ob er es wiedergeben und erklären kann, möglichst allgemeinverständlich. Achte beim Lernen darauf, dass du später in der Lage bist, das Gelernte mündlich darzulegen sowie zu erläutern. Wichtig ist es dabei, u. a. Begründungen für Sachverhalte (Warum …?) nennen zu können. Aussagen wie z. B. „Das ist nun mal so!" sind unbefriedigend, also schlecht.

Wissenschaftliche Untersuchungen ergaben: Erworbene Kenntnisse und Erkenntnisse bleiben besser und länger im Kopf, wenn man sie (weiter) erzählt und erklärt. Diese Vorgehensweise sei (viel) effektiver[1] [= wirksamer, erfolgreicher] als den Lernstoff mehrmals/öfter zu lesen.

Es bietet sich für den Lernenden an: Er sagt laut für sich selbst hin, was er gelernt hat und führt dabei auch Erklärungen zum Sachverhalt an. Oder der Lerner tut dies in einem Gespräch mit einer anderen Person (z. B. mit einem Mitschüler). Eine weitere Möglichkeit ist, dass der Lernende den Sachverhalt auf ein Aufnahmegerät (z. B. Kassettenrekorder, Diktiergerät, Smartphone …) spricht. Danach kann sich der Lernende selbst testen, indem er durch Abspielen des Aufnahmegerätes abhört, was er zuvor gesagt hat. Er kann feststellen, ob Korrekturen erforderlich sind und diese in einem oder mehreren Wiederholungen vornehmen. Was per Gerät aufgenommen worden ist, kann der Lernende (auch) einer anderen Person vorspielen. Aufgrund dessen erhält der Lernende eventuell Hinweise, was nicht (genügend) verständlich ist und es zu verbessern gilt.

Erzählen und erklären können werden zusammengefasst in der Wissenschaft als „narratives[2] Lernen" bezeichnet.

EA

Aufgabe 1: *Was hältst du von der Methode des narrativen Lernens? Begründe deine Meinung.*

____

____

____

EA

Aufgabe 2: *Wende die Methode des „narrativen Lernens" an.*

____

____

____

[1] effectus (lat.) = Wirkung, Erfolg
[2] narrare (lat.) = erzählen, berichten, schildern

Lernen für Test, Klassenarbeiten, Prüfungen ...

Je gründlicher du dich vorbereitest, desto besser wirst du bei Tests, Klassenarbeiten, Prüfungen ... abschneiden. Beginne rechtzeitig mit den Vorbereitungen. Lerne in Etappen (= Zwischenabschnitten), schiebe die Vorbereitung nicht auf. Lerne auf keinen Fall erst „auf den letzten Drücker". Empfohlen wird, am letzten Tag vor Lernerfolgskontrollen mit dem Lernstoff nur noch zu wiederholen. Versuche der Aneignung von neuem Lernstoff am letzten Tag vor Lernerfolgskontrollen, bringen gewöhnlich nichts oder sehr wenig.

Aufmerksamkeit und regelmäßige Mitarbeit im vorherigen Unterricht ersparen Zeit, sich (sehr) lange auf Lernerfolgskontrollen vorbereiten zu müssen. Bewährt hat sich bei der Vorbereitung die Überlegung von wahrscheinlichen und möglichen Fragen/Aufgaben, die in der jeweiligen Lernerfolgskontrolle gestellt werden könnten. Entsprechend gilt es, sich bei der Vorbereitung mit der Beantwortung solcher Fragen/Aufgaben zu befassen. Das Erstellen und Führen von Lernkartei-Karten sind nützlich. Auch sich gemeinsam mit Mitschülern auf Tests, Klassenarbeiten, Prüfungen ... vorbereiten ist erfolgsversprechend. Im Hinblick auf mündliche Prüfungen wird vorgeschlagen, vorweg, diese wiederholt zu simulieren[1] (= nachzuahmen).

EA

Aufgaben: **a)** *Hast du selbst weitere Vorschläge bezogen auf das Lernen für Tests, Klassenarbeiten, Prüfungen? Wenn ja, notiere deine Tipps.*

____

____

____

____

b) *Beschreibe, wie du dich auf Tests, Klassenarbeiten, mündliche Prüfungen ... vorbereitest.*

____

____

____

____

[1] *simulare (lat.) = ähnlich machen, darstellen, abbilden*

Vorlernen

EA

Aufgabe 1: *In den nachfolgenden 10 Sätzen fehlt jeweils das erste Wort als Satzanfang. Setze passende Wörter als Satzanfang ein.*

a) ________ Vorlernen ist gemeint, dass sich Schüler(innen) im Voraus in Themen einarbeiten bzw. damit beginnen, bevor die Inhalte im Unterricht behandelt werden.

b) __________ allein für ehrgeizige und überehrgeizige Schüler(innen) [„Streber"] ist Vorlernen etwas, sondern ebenfalls für andere Heranwachsende.

c) __________________ kann Vorteile verschaffen.

d) ____________________ geben zu verstehen, Vorlernen sei besser als Nachlernen.

e) _________________________ für das Vorlernen ist, ausreichend Zeit dafür zu haben und genügend aufnahmefähig zu sein.

f) ____________ nutzen einen Teil der Schulferien zum Vorlernen.

g) ______ Folge sollte das Vorlernen nicht haben, bei der späteren Behandlung des betreffenden Themas im Unterricht wenig(er) aufmerksam zu sein.

h) ____________________ sowie Erkenntnisse, die jemand durch Vorlernen erlangt hat, kann er im späteren Unterricht gut einbringen.

i) __________ Vorwissen lassen sich mehr und intensiver neue Informationen aufnehmen und verarbeiten.

j) __________________ kann Vorlernen zum nachhaltigen Lernen.

Lösungshilfe

10 einsetzbare Wörter in alphabetischer Reihenfolge:

Beitragen – Durch – Kenntnisse – Lernexperten – Manche – Mit – Nicht – Voraussetzung – Vorlernen – Zur

Vorlernen

EA

Aufgabe 2: **a)** *Nenne stichwortartig Vorteile des Vorlernens.*

b) *Überlege dir und notiere mögliche Nachteile des Vorlernens in Stichwörtern.*

c) *Wie ist deine Einstellung zum Vorlernen? Was hältst du davon? Hast du schon zu Themen vorgelernt, die (damals) noch nicht im Unterricht behandelt worden sind? Wenn ja, welche Erfahrungen hast du dabei gemacht? Bist du motiviert, in den Schulferien vorzulernen?*

Digitalisierung und Lernen

Wir leben heute im sogenannten „Zeitalter der Digitalisierung“. Digitalisierung heißt: Computer und ähnliche Geräte haben im Leben der allermeisten Menschen immer mehr an Bedeutung gewonnen; dieser Vorgang setzt sich immer weiter fort.

Das Wort Digitalisierung hat seinen Ursprung in der lateinischen Sprache: *digitus (lat.) = Finger, Zehe.*

Im Englischen hat das Wort digit auch die Bedeutung von Zahl, Ziffer, Stelle. Computer und artverwandte Geräte arbeiten mit Ziffern und Zahlen, genauer gesagt mit dem Zweier-System. Daraus resultiert die Bezeichnung Digitalisierung. Anstelle von Digitalisierung wird bisweilen auch die Bezeichnung Computerisierung benutzt.

Digitalisierungsfanatiker (≈ auch Digital Natives genannt) [*native (engl.) = Eingeborener*] vertreten vehement (= heftig) die Auffassung, effektives Lernen sei heutzutage (nur) über den Weg Digitalisierung erreichbar – eine kühne Behauptung, die nicht bewiesen ist.

Zweifellos bietet die Digitalisierung so manche Vorzüge:

- Man kann per Internet sehr rasch vielfältige Informationen zu Themen bekommen.
- YouTube bietet kostenlos zahlreiche Video-Clips mit Erklärungen zu Inhalten des schulischen Unterrichts.
- Diverse Nachhilfeinstitute bieten online Förderunterricht für Heranwachsende und andere an.
- ...

Demgegenüber birgt die Digitalisierung aber auch etliche Risiken/Gefahren in sich:

- Neue Medien wie u. a. Smartphones können vom Lernen ablenken.
- Digitalisierung kann dazu führen, Realitäten des Lebens aus dem Blick zu verlieren.
- Aufgrund der Digitalisierung ist es möglich, dass die Anstrengungsbereitschaft der Nutzer zurückgeht.
- ...

Fasst man zusammen, so lässt sich sagen: Für das Lernen kann die Digitalisierung einerseits eine Bereicherung sein; die Digitalisierung kann sich auf das Lernen jedoch auch nachteilig auswirken. Die Digitalisierung ist kein „Allheilmittel“ für das Lernen. Sie kann das Lernen – vernünftig eingesetzt – unterstützen, aber nicht ersetzen. (Ausreichende) Beweise, dass die Digitalisierung wirklich zu höheren Lernerfolgen führt, sind bis jetzt noch nicht erbracht worden.

Der Neurobiologe Henning Beck (geb. 1983) äußerte, die digitale Technik sei beim Lernen bestenfalls eine Ergänzung. Man könne den besten Unterricht (der Welt) auch mit einer Schiefertafel durchführen [Aussagen von H. Beck in der Zevener Zeitung vom 05.05.2020].

Digitalisierung und Lernen

EA

Aufgaben: **a)** *Fasse den Inhalt des Textes in eigenen Sätzen zusammen.*

____

____

____

b) *Welche Meinung hast du zu den Hauptaussagen des Textes?*

____

____

____

c) *Welche Bedeutung hat die Digitalisierung für dich beim Lernen?*

____

____

____

d) *Wie nutzt du bisher die Digitalisierung beim Lernen?*

____

____

____

Lernstrategien …

Heutzutage werden Strategien für viele Bereiche des Lebens empfohlen und interessierten Personen nach Zahlung von Geld dargeboten. Allgemein wird unter einer Strategie ein (sehr) genau geplantes Vorgehen verstanden. Der Begriff Strategie stammt aus der griechischen Sprache und bedeutet ursprünglich nur so viel wie die „Kunst der (militärischen) Kriegsführung".

stratos (griech.) = Heer, agein (griech.) = führen; strategia (griech.) = Heerführung

Lernstrategien sind darauf gerichtet, gezielt und wirksam zu lernen. Es betrifft, unmittelbare Informationen aufzunehmen, zu verarbeiten, zu speichern, wieder aufzurufen und anzuwenden. Leider ist es so: In der Literatur werden für den Begriff Lernstrategie(n) oft gleichbedeutend (= synonym; [synonymos (griech.) = gleichnamig]) Bezeichnungen wie Lernmethode(n), Lernverfahren, Lerntechnik(en), Lernstil(e) … gebraucht. Die genannten Begriffe werden häufig nicht voneinander getrennt, was das Verständnis erschwert. Der Begriff Lernstrategie(n) eignet sich eher als Oberbegriff und wird bisweilen auch so benutzt.

Eine einheitliche, allgemein anerkannte Klassifikation der Lernstrategien gibt es bisher (jedoch) nicht. In der Fachliteratur stößt man oft auf unterschiedliche Klassifikationen. Als Lernstrategien werden u. a. genannt:

Wiederholungsstrategien

Dazu zählen das Arbeiten mit Lernkarteikarten und die Anwendung von „Eselsbrücken" …

Ordnungsstrategien

Den Ordnungsstrategien werden u. a. zugerechnet das Erstellen von Mindmaps, das Schreiben von (kurzen) Zusammenfassungen …

Elaborationsstrategien
elaborare (lat.) = (sorgfältig) ausführen, bearbeiten

Bei diesen Strategien geht es insbesondere um die Verknüpfung von Vorwissen mit neuem Lernstoff. Kennzeichnend für Elaborationsstrategien ist, Gelerntes näher in eigenen Texten darzustellen, Beispiele für Sachverhalte anzuführen, eigenständig (wesentliche) Fragen zu formulieren und sie anschließend zu beantworten …

Kooperationsstrategien
(= gemeinsames Lernen mit anderen Personen);

Stützstrategien
wie z. B. zeitliche Planungen des Lernens, Überprüfungen der Lernmotivation …

Lernstrategien ...

EA

Aufgabe: *Fragen und Antworten*

Überlege dir zum Text „Lernstrategien ...“ sechs Fragen und schreibe sie auf dieser Seite auf. Überreiche danach das Blatt einem anderen Schüler, der deine Fragen auf dem erhaltenen Blatt schriftlich zu beantworten hat. Du erhältst ein Blatt vom anderen Schüler mit dessen notierten Fragen, die du in schriftlicher Form beantworten musst.

1. Frage

____

____

____

2. Frage

____

____

____

3. Frage

____

____

____

4. Frage

____

____

____

5. Frage

____

____

____

6. Frage

____

____

____

20 Lerntipps auf einen Blick

1. Lerne mäßig, aber regelmäßig.
2. Rechtzeitig mit dem Lernen für z. B. eine Klassenarbeit beginnen, nicht im letzten Moment.
3. Ordnung unterstützt das Lernen.
4. Vom Leichteren zum Schwereren vorgehen.
5. Das Erstellen von Mindmaps, Lernplakaten, Lernpostern ... hilft beim Lernen.
6. Mit möglichst vielen Sinnen lernen.
7. Ein Bild sagt mehr als 1 000 Worte.
8. Kleinere Lernziele setzen, in „Häppchen“ (= Portionen) lernen.
9. Bewegung fördert das Lernen.
10. Lernen erfordert auch Lernpausen.
11. Vor dem Schlafen nochmals das Thema durchgehen (→ „Lernen im Schlaf“).
12. Zeitplan mit festen Lernzeiten aufstellen.
13. Mit Karteikarten arbeiten.
14. Was man selbst per Hand niedergeschrieben hat, prägt sich besser ein.
15. Sich erst einen Überblick verschaffen, dann über Einzelheiten informieren.
16. Fragen zum Thema formulieren und selbst beantworten.
17. Kenntnisse und Erkenntnisse werden gefestigt durch Weitererzählen sowie Erklären.
18. Zusammen mit anderen lernen.
19. Lernstoff in zeitlichen Abständen wiederholen.
20. (Fröhliche) Musik begünstigt kreatives Denken, stört aber die Konzentration.

Lerntagebuch …

Schulfach

Name der Schülerin/des Schüler

Klasse

Datum

Ich habe gelernt. Nun kann ich:

Meine Lern-Checkliste

Das Thema (Oberthema): ______________________________

Unterthemen:	Das kann ich sicher:	Das kann ich überwiegend:	Das kann ich ein wenig:	Das kann ich überhaupt nicht:

Mein Lernplan für die Woche

Mein Lernplan für die Woche vom ______________________ bis ______________________

Sonntag	
Samstag	
Freitag	
Donnerstag	
Mittwoch	
Dienstag	
Montag	

Intelligenz und Lernen

Es gibt keine eindeutige, allgemein anerkannte Definition, was Intelligenz ist. Auch sonst gehen und liegen die Meinungen zum Thema Intelligenz (weit) auseinander. Sicher ist aber: Der Begriff Intelligenz ist wortbezogen aus der lateinischen Sprache herzuleiten: intellegentia (lat.) = Einsicht, Erkenntnis, Erkenntnisvermögen, Verstand, Verständnis, Vorstellungskraft, Klugheit, Idee, Denkfähigkeit ...

In Wissenschaften (Psychologie, ...) wird differenziert zwischen fluider und kristalliner Intelligenz. Als fluide Intelligenz wird Denken beschrieben, das vor allem logisch, schlussfolgend, abstrakt ist und dafür sorgt, Probleme zu lösen.

fluidus (lat.) = flüssig, fließend;

fluere (lat.) = fließen, strömen

Dagegen ist kristalline Intelligenz, die bisweilen auch kristallisierte Intelligenz genannt wird, gekennzeichnet besonders durch (verarbeitetes) Wissen, Erfahrungen und sprachliches Vermögen.

krystallos (griech.) = Eis, Frost;

crystallus (griech.) = Kristall

Die fluide und die kristalline Intelligenz hängen (eng) miteinander zusammen, so sagen Wissenschaftler. Dabei bilde die fluide Intelligenz die Basis für die kristalline Intelligenz. Der fluiden Intelligenz wird wissenschaftlich zugeschrieben, (weitgehend) durch die Vererbung (Gene) bedingt zu sein. Die kristalline Intelligenz ergebe sich (überwiegend) durch die Umwelt und/bzw. sei davon abhängig. In welchem prozentmäßigen Zahlenverhältnis die fluide und die kristalline Intelligenz zueinanderstehen, ist ungeklärt. Ausgesagt wird in der Wissenschaft: Die fluide Intelligenz nehme im Leben des Menschen mit dem Alter ab, die kristalline Intelligenz wachse aber. Die kristalline Intelligenz gilt auch als „Altersweisheit".

Intelligenz und Lernen

EA

Aufgaben: **a)** *Erkläre näher, was unter Intelligenz verstanden wird.*

____

____

____

b) *Fluide Intelligenz - was ist das?*

____

____

____

c) *Was ist kristalline (= kristallisierte) Intelligenz?*

____

____

____

d) *Was lässt sich über die Entstehung und Entwicklung von fluider sowie kristalliner (= kristallisierter) Intelligenz sagen?*

____

____

____

____

____

Intelligenz und Lernen

Festzuhalten ist: An der Intelligenz sind die Vererbung sowie die Umwelt (= Umgebung), in der man sich bewegt, beteiligt. Das Verhältnis zwischen diesen beiden Faktoren ist nicht hinreichend geklärt und bewiesen, obwohl manche Wissenschaftler meinen, dies belegt zu haben. (siehe Zeitungsartikel aus dem Jahr 2017).

STUDIE

In der Kindheit ist die Intelligenz zum Teil genetisch bestimmt.

40 Intelligenz-Gene wurden von einem internationalen Forscherteam entdeckt. Die Universität Amsterdam mit den Wissenschaftlern um Danielle Posthuma haben dafür in verschiedenen Studien Daten gesammelt und analysiert. Insgesamt haben 20 000 Kinder und 60 000 Erwachsene aus Europa daran teilgenommen. Ergebnis der Studie: Zu 45 Prozent sei die Intelligenz in der Kindheit genetisch bedingt. Dagegen im Erwachsenenalter seien es 80 Prozent. Dies stimme mit früheren Studien überein.

Intelligenz ist auch von Bedeutung für das Lernen, aber nicht dafür (allein) wichtig. (Die) Intelligenz ist bei den Menschen bekanntlich nicht gleichmäßig, sondern sehr ungleich verteilt. Es gibt (sehr) intelligente, mittelmäßig intelligente, aber ebenso (überaus) wenig intelligente Menschen. Wenn Schüler(innen) (sehr) intelligent sind, Interesse am jeweiligen Thema haben und sich anstrengen, erreichen sie die größten Lernerfolge. Nur intelligent zu sein, ist jedoch kein Selbstgänger beim Lernen. Fehlende erbliche Intelligenz lässt sich beim Lernen schwer wettmachen. Durch besonderes Interesse am Thema und sehr großen Einsatz (Fleiß) sind jedoch durchaus (große) Lernerfolge möglich. Dafür erforderlich sind aber vor allem (viel) Zeit sowie ein genauer Lernplan, woran sich die betreffende Person hält.

PA

Aufgabe: *Erstelle zusammen mit einem Partner eine Concept-Map zum Thema „Intelligenz und Lernen".*

Verstehendes Lernen - was ist das?

Heutzutage treten Wissenschaftler ein, die sich mit dem Thema Lernen befassen, für das Modell des Verstehenden Lernens. Dieses Modell distanziert sich eindeutig vom (reinen) Auswendiglernen. Bloßes Wissen umfasst kein (ausreichendes) Verstehen.

Das Verstehende Lernen ist gekennzeichnet durch die Merkmale:

- Begreifen von Phänomenen und Vorgängen;
- Fähigkeit, Ursachen sowie Auslöser erklären zu können;
- Aufbau auf Vorwissen;
- Informationen zu (neuen) Erkenntnissen verarbeiten;
- Auswirkungen benennen;
- fächerübergreifender Unterricht;
- Erkennen von Zusammenhängen;
- sich selbst Fragen stellen;
- Dinge hinterfragen;
- selbst forschen und entdecken;
- mit möglichst allen Sinnen lernen;
- aus Fehlern lernen;
- Übertragung und Anwendung von Wissen in anderen Situationen;
- Denkschemata entwickeln;
- ...

EA

Aufgabe 1: Verfasse einen zusammenhängenden Text in vollständigen Sätzen zu den stichwortartig genannten Merkmalen des Verstehenden Lernens.

EA

Aufgabe 2: Was hältst du vom Modell des Verstehenden Lernens? Begründe deine Meinung.

Test 2 bzw. Arbeit 2

1. Bringe die folgenden fünf Begriffe (= Lernschritte) in eine (chrono)logische Reihenfolge für die Bearbeitung von Lernthemen!

   Rückblick – Einblick – Ausblick – Durchblick – Überblick

2. Welche Bedeutung messen Wissenschaftler handgeschriebenen Zusammenfassungen beim Lernen bei?

3. „Eselsbrücken" was sind das?

4. Ergänze die „Eselsbrücke": „He, she, it" nimmt (jeweils) ein ...

5. Nenne drei weitere „Eselsbrücken".

6. Was tut das Gehirn, wenn der Mensch schläft?

7. Was kannst du zum Thema Ernährung und Lernen sagen?

Test 2 bzw. Arbeit 2

8. Was ist beim Lernen mit äußerer und innerer Ordnung gemeint?

9. Notiere vier Anforderungen, die Arbeitsräume (= Lernorte) erfüllen sollten.

10. Wie wirkt sich körperliche Bewegung auf das Lernen aus?

11. Warum ist (bloßes) oftmaliges Durchlesen von Texten wenig lerneffektiv?

12. Was ist „narratives Lernen"?

13. Erwähne drei Tipps für die Vorbereitung auf Tests, Klassenarbeiten, Prüfungen.

14. Was wird als Vorlernen bezeichnet?

Test 2 bzw. Arbeit 2

15. Schreibe zwei Vorteile des Vorlernens auf.

16. Nenne zwei Beispiele dafür, dass die Digitalisierung das Lernen unterstützen kann.

17. Führe zwei Beispiele dafür an, dass die Digitalisierung für das Lernen nachteilig sein kann.

18. Was sind Lernstrategien?

19. Notiere zwei Beispiele für Ordnungsstrategien.

20. Welche zwei Arten von Intelligenz werden unterschieden?

10 Zitate zum Thema Lernen

„Nicht für das Leben, sondern für die Schule lernen wir.“

Seneca

„Lernen ist wie Rudern gegen den Strom. Hört man auf, treibt man zurück.

Laotse

„Man sollte sich nicht schlafen legen, ohne sagen zu können, dass man an dem Tag etwas gelernt hat.“

G. C. Lichtenberg

„Was Hänschen nicht lernt, lernt Hans nimmermehr.“

Deutsches Sprichwort

„Lernen hat eine bittere Wurzel, aber es trägt eine süße Frucht.“

Deutsches Sprichwort

„Lernen und nicht denken ist unnütz. Denken und nicht lernen ist zwecklos.“

Konfuzius

„Wer aufhört Fehler zu machen, lernt nichts mehr dazu.“

T. Fontane

„Lernen heißt, von selbst Fragen zu finden und nicht vorgegeben ins Gedächtnis zu zwängen.“

H. Körber

„Die einen lernen, weil sie klug sind. Die anderen sind klug, weil sie lernen ...

B. Fuchs

„Das neue Lernen heißt Verstehen.“

H. Beck

EA

Aufgabe: *Was sagen die 10 Zitate aus? Wie beurteilst du die einzelnen Zitate?*

Lernen – aber wie?

EA

Aufgabe: *Notiere in der Tabelle stichwortartig:*

[Für das, was empfohlen wird zu tun, wird angelehnt an die englische Sprache allgemein heutzutage der Begriff „Dos“ gebraucht, für das, was nicht empfohlen wird der Begriff „Don´ts“.]

Was sollte man tun?	Was sollte man nicht tun?

Mein Lernkoffer

EA

Aufgabe 1: Was hast du zum Thema „Lernen zu lernen“ gelernt? Welche „Werkzeuge“ zum Anwenden beim Lernen befinden sich in deinem Lernkoffer?

„Wer wird Quiz-Champion?“

EA

Aufgabe: *Wer wird Quiz-Champion?*

Nr.	Fragen	Antwort A	Antwort B	Antwort C	Antwort D	Lösung
1	Wie viele Gedächtnissysteme unterscheidet man beim Menschen?	2	3	4	5	
2	Zwischen wie vielen klassischen Sinnen des Menschen, wird getrennt?	3	4	5	6	
3	Wie heißt das Ende des Sprichwortes „Ein Bild sagt mehr als …“?	10 Worte	100 Worte	1 000 Worte	10 000 Worte	
4	Wie nennt man die Motivation, die von außen auf Menschen einwirkt?	extrinsische Motivation	intrinsische Motivation	Durchlernen	Überlernen	
5	Welcher Begriff wird noch für Wiederholungen von Lernstoff gebraucht?	Vorlernen	Nachlernen	Durchlernen	Überlernen	
6	Bis zu wie viel Minuten beträgt gemäß wissenschaftlichen Untersuchungen bei 12 - 16-jährigen die Dauern der Konzentration?	bis zu 15 Minuten	bis zu 20 Minuten	bis zu 25 Minuten	bis zu 30 Minuten	
7	Was weist eine Mindmap auf?	Krone	Äste	Stamm	Blüten	
8	Wie lautet der Name einer Methode, die dazu dient, beim Lernen Texte zu bearbeiten?	PQ4R	PQR4	QP4R	QPR4	
9	Wodurch ist das „Bulimie-Lernen“ gekennzeichnet?	reines Auswendiglernen	nachhaltiges Lernen	hohe Lernmotivation	schnelles Vergessen	
10	Was kann man sich mit der Eselsbrücke „May I have a drink?“ merken?	die Namen der Ostfriesischen Inseln	eine Grammatikregel	die Kreiszahl π	ein physikalisches Gesetz	

„Wer wird Quiz-Champion?“

Aufgabe: Überlegt euch (z. B. zu zweit) 10 Fragen zu einem Fachgebiet. Notiert die 10 Fragen mit stets 4 Antwortmöglichkeiten (Antwort A, B, C, D), von denen nur eine Antwort richtig ist, die anderen Antworten falsch sind. Schreibt schließlich die 10 Lösungsbuchstaben der richtigen Antworten ganz rechts auf dem vorliegenden Blatt auf.

Nr.	Fragen	Antwort A	Antwort B	Antwort C	Antwort D	Lösung
1						
2						
3						
4						
5						
6						
7						
8						
9						
10						

Lösungen

Seite 5: Lernen (Einführung)

Aufgaben:
- **a)** Lernen bedeutet allgemein, geistig und/bzw. körperlich Kenntnisse, Erkenntnisse, Fähigkeiten, Fertigkeiten … zu erwerben.
- **b)** Als Pädagogen bezeichnet man Lehrer, Erzieher … . Mit Pädagogik ist gemeint, Heranwachsende u. a. zu führen, zu erziehen, zu unterrichten …
- **c)** Lernpsychologen befassen sich damit, wie u. a. Menschen Informationen aufnehmen, weiterverarbeiten und festhalten (= speichern).
- **d)** In der Neurobiologie geht es um das vom Gehirn gesteuerte Nervensystem, das eine zentrale Bedeutung für das Lernen besitzt.

Seite 6: Deine Meinung ist gefragt

Aufgabe: Individuelle Lösungen

Seite 7: Motivation (I)

Aufgabe: Individuelle Lösungen

Seite 9: Meine Lernmotivation – eine Selbsteinschätzung

Aufgaben: Individuelle Lösungen

Seote 10: Meine Lernmotivation in den einzelnen Schulfächern

Aufgabe: Individuelle Lösungen

Seite 11: Einzelne Lernmotive

Aufgaben 1+2: Individuelle Lösungen

Seite 12: Leistungsmotivation – was ist das?

Aufgabe: Individuelle Lösungen

Seite 13: Lerntheorien

Aufgabe: Individuelle Lösungen

Seite 14: Formel zur Lernmotivation

Aufgabe 1: Nach Aussage von Heckhausen wird die Lernmotivation besonders bestimmt durch die Faktoren Leistungsmotivation, Erreichbarkeitsgrad der Aufgabe sowie Anreiz der Aufgabe. Dies wird ausgedrückt durch die Malzeichen in der Formel. Mal = Zeichen für „Vielfaches“. Als weitere Faktoren, die einwirken (können) auf die Lernmotivation, werden in der Formel genannt: der sachbereichsbezogene Anreiz, der Neuigkeitsgehalt, das eventuelle Bedürfnis nach Identifikation, evtl. das Bedürfnis nach Abhängigkeit, evtl. das Bedürfnis nach Geltung das evtl. das Bedürfnis nach Strafvermeidung. Heckhausen misst diesen 6 Faktoren jedoch für die Lernmotivation eine geringere Bedeutung bei als den drei zuerst angeführten Faktoren. Dies wird in der Formel ausgedrückt durch die Pluszeichen zwischen den 6 Faktoren. Plus = Zeichen für „hinzu“.

Aufgabe 2: Individuelle Lösungen

Seite 15: Das Gehirn (I)

Aufgabe:
1. Das Lernen des Menschen erfolgt im und durch das Gehirn, das sich im Kopf unter der Schädeldecke befindet.
2. Für das Gehirn wird manchmal auch das kurze Wort Hirn gebraucht.
3. Das Gehirn nimmt Informationen auf, denkt und lenkt den Menschen.
4. In seiner Form ähnelt das Gehirn einer sehr großen Walnuss, gesagt wird auch der tropischen Frucht Mango.
5. Eine grau-rosa Farbe weist das Gehirn aus, es ist gerunzelt und weich.
6. Bei Babys beträgt das Gewicht des Gehirns ca. 300 Gramm, bei Erwachsenen bis zu ungefähr 1 500 Gramm.
7. Im Gehirn des Menschen befinden sich fast unglaublich viele Nervenzellen (= Neuronen), nach Schätzungen etwa 80 Milliarden.
8. Diese sind durch sogenannte Synapsen (= Kontaktstellen) in einer Art Netzwerk miteinander verbunden.
9. Die Nervenzellen nehmen Informationen auf und verarbeiten sie in Zusammenarbeit.
10. Die Vorgänge dabei sind (sehr) kompliziert, ganz genaue Abläufe sind auch Wissenschaftlern bisher nicht bekannt.

Lösungen

Seite 17: Das Gehirn (II.)

Aufgaben:

		Richtig	Falsch
1.	Das Kurzwort für Gehirn lautet Hirn.	X	
2.	Das Aussehen des menschlichen Gehirns lässt sich mit einer Apfelsine vergleichen.		X
3.	Das Gehirn weist keine Falten auf.		X
4.	Im Gehirn befinden sich ca. 80 Millionen Nervenzellen.		X
5.	Durch Synapsen sind die Nervenzellen miteinander verbunden.	X	
6.	Die Nervenzellen verarbeiten u. a. die aufgenommenen Informationen.	X	
7.	Normalerweise wird zwischen 4 Sinnen differenziert.		X
8.	Das Großhirn besteht aus zwei miteinander verknüpften Hälften.	X	
9.	Die linke Gehirnhälfte steuert die linke Körperhälfte, die rechte Gehirnhälfte die rechte Körperhälfte.		X
10.	Die rechte Gehirnhälfte ist u. a. zuständig für Emotionen.	X	

Verbessere nunmehr die Sätze, die falsche Aussagen erhalten:

2. Das Aussehen des menschlichen Gehirns lässt sich mit einer Walnuss vergleichen.
3. Das Gehirn ist gerunzelt, weist also Falten auf.
4. Im Gehirn befinden sich ca. 80 Milliarden Nervenzellen.
7. Normalerweise wird zwischen 5 Sinnen differenziert.
9. Die linke Gehirnhälfte steuert die rechte Körperhälfte, die rechte Gehirnhälfte die linke Körperhälfte.

Seite 18: Das Gedächtnis – ein Puzzle

Aufgaben:

1. Beim Lernen kommt es u. a. darauf an, Dinge im Gedächtnis zu behalten, also nicht zu vergessen.
2. Auch als Erinnerungsvermögen lässt sich das Gedächtnis bezeichnen.
3. Es ist die Fähigkeit, sich etwas zu merken und sich wieder daran zu erinnern.
4. Das im Gehirn befindliche Gedächtnis vermag, Informationen unbewusst und bewusst zu speichern.
5. Drei verschiedene Gedächtnis-Systeme werden gewöhnlich unterschieden.
6. Dabei spricht man (auch) vom Dreispeicher-Modell.
7. Zu lesen ist, dass das Ultrakurzzeit-Gedächtnis Neues höchstens etwa 20 Sekunden lang speichert.
8. Es gibt Aussagen, neue Informationen verblieben im Kurzzeit-Gedächtnis ca. 3 - 4 Minuten bis maximal ungefähr eine halbe Stunde.
9. Das Langzeit-Gedächtnis hält Informationen auf (sehr) lange Dauer (= nachhaltig) fest, möglicherweise sogar lebenslang.
10. Informationen, die man beim Lernen möglichst lange im Kopf behalten möchte, gilt es, im Langzeit-Gedächtnis zu verankern.

Seite 19: Ein Gedächtnistest

Aufgabe: Individuelle Lösungen

Seite 21: Was im Gedächtnis behalten wird

Aufgabe: Individuelle Lösungen

Seite 23: Fehlersuche

Aufgabe 1: Konzentration ist wichtig für das Lernen. Um sich konzentrieren zu können, sollte man sich gleichzeitig höchstens mit <u>einer Sache</u> befassen. Mit höherem Alter nimmt die Dauer der Konzentration <u>zu</u>. Heranwachsende im Alter von 15 Jahren können sich normalerweise bis zu <u>ca. einer halben Stunde</u> lang konzentrieren. <u>Konzentration erfordert Ruhe</u>. Ablenkungen können die Konzentration sehr stören. Handys und Smartphones beeinträchtigen, sich zu konzentrieren. Mit Musik geht <u>nicht</u> alles besser, <u>die Konzentration wird gestört</u>. Auch unter Zeitdruck <u>lässt</u> erfahrungsgemäß die Konzentration <u>nach</u>. Zu empfehlen ist es, vor der Konzentration <u>genügend</u> zu essen sowie zu trinken.

Aufgabe 2: Individuelle Lösungen

KOHL VERLAG Das Lernen lernen – Bestell-Nr. 12 720

Lösungen

Seite 25: „Bulimie-Lernen“

Aufgaben: **a)** Der Begriff Bulimie hat seinen Ursprung in der griechischen Sprache. Unter Bulimie versteht man die Ess-Brech-Sucht, d. h. die aufgenommene Nahrung wirdanschließend erbrochen. „Bulimie-Lernen“ heißt verkürzt gesagt: Das was gelernt worden ist, wird relativ schnell vergessen. Ein Beispiel dafür ist, nur für Tests oder Klassenarbeiten Dinge zu lernen. Es findet kein nachhaltiges Lernen statt. Individuelle Lösungen!

b) „Bulimie-Lernen“heißt verkürzt gesagt: Das, was gelernt worden ist, wird relativ schnell vergessen. Ein Beispiel dafür ist, nur für Tests oder Klassenarbeiten Dinge zu lernen. Es findet kein nachhaltiges Lernen statt.

c+d) Individuelle Lösungen

Seite 27: Lerntypen?

Aufgabe: Individuelle Lösungen

Seite 28: Lernen mit verschiedenen Sinnen

Aufgabe 1: Individuelle Lösungen

Aufgabe 2: Im genannten Zusammenhang steht:

- das Wort „Kopf“ für das Denken (= Verstand),
- das Wort „Herz“ für die Gefühle (= Emotionen),
- das Wort „Hand“ für das praktische Tun (= Handeln).

Gemäß J. H. Pestalozzi gilt es beim Lernen, das Denken, Gefühle sowie das praktische Tun miteinander zu verbinden. Diese Verknüpfung wird auch als ganzheitliches Lernen bezeichnet oder umschrieben.

Seiten 29+30: Veranschaulichung

Aufgaben 1+2: Individuelle Lösungen

Seite 31: Mindmaps

Aufgabe: Mindmaps sind Darstellungen, die dazu dienen (sollen), sich Lerninhalte nachhaltig zu merken. In Mindmaps werden (komplexe) Zusammenhänge übersichtlich dargestellt. Auch bieten Mindmaps einen wesentlichen Überblick über den jeweiligen Lernstoff. Übersetzt aus der englischen Sprache ins Deutsche sind Mindmaps „Gedächtnis(land)karten“ …

Seite 33: Concept-Maps

Aufgabe 1: Beide sind verarbeitete Darstellung des Lernstoffes. Sie setzen sich jeweils aus der Verknüpfung von Grafik mit Text zusammen und sollen dazu dienen, sich Lerninhalte besser zu merken.

Aufgabe 2: Mindmaps:

- zentrales Thema steht in der Mitte des Blattes;
- von dort aus Darstellung von Unterthemen durch Verwendung von „Ästen“ und „Zweigen“;
- …

Concept-Maps:

- Hauptthema wird oben auf dem Blatt genannt;
- darunter netzartige Darstellung von Zusammenhängen durch Linien mit Pfeilen;
- Beschreibung von Vorgängen oder Zuständen durch Verben auf den Linien;
- …

Seite 35: Grafiz

Aufgabe: Individuelle Lösungen

Lösungen

Seite 37: Die Methode PQ4R

Aufgaben 1-4: Individuelle Lösungen

Seiten 39-41: Test Nr. 1 bzw. Arbeit Nr. 1

Aufgaben:

1. Lernen = Erwerb von Kenntnissen, Erkenntnissen, Fähigkeiten, Fertigkeiten …
2. Intrinsische Motivation = sachbezogenes, aufgabenorientiertes Interesse
3. Extrinsische Motivation = von außen wirkendes Interesse; z. B. das Interesse, durch Lernen eine gute Zensur zu bekommen
4. z. B.
   - interessantes Thema; • Belohnungen zu bekommen;
   - sich auf das Berufsleben vorbereiten; • Geltungsdrang; • …
5. Leistungsmotivation = Leistungswille; ausgerichtet an einem eigenen Anspruchsniveau, das die jeweilige Person erreichen bzw. übertreffen möchte
6. • behavioristische Lerntheorien: Betrachtung: Was ist objektiv beobachtbar? Annahme: Auslösung des Lernens durch Umweltreize und/oder deren Verstärkungen;
   - kognitive Lerntheorien: Lernen basierend auf Einsichten und Erkenntnissen, Wissen wird verarbeitet;
   - konstruktivistische Lerntheorien: Aufbau des Lernens auf persönlichen Erfahrungen, Erlebnissen, Interpretationen
7. Individuelle Lösungen wie z. B.:
   - Wesentliche Faktoren der Lernmotivation sind Leistungsmotivation, Erreichbarkeitsgrad der Aufgabe, Anreiz der Aufgabe.
   - Hinzu kommen weitere Faktoren wie sachbereichsbezogener Anreiz, Neuigkeitsgehalt.
8. Das Gehirn nimmt Informationen auf, verarbeitet und speichert sie im Gedächtnis kurzzeitig oder längere Zeit.
9. • Ultrakurzzeit-Gedächtnis; • Kurzzeit-Gedächtnis; • Langzeit-Gedächtnis
10. • Dinge, die der jeweiligen Person (sehr) wichtig sind;
    - Dinge, die die jeweilige Person emotional (gefühlsmäßig) stark berühren;
    - Dinge, die die jeweilige Person regelmäßig wiederholt
11. • zeitgleich nur auf eine Sache konzentrieren, nicht auf mehrere Dinge;
    - sich nicht ablenken lassen, „Ablenkungsgefahren" von vorne herein ausschalten;
    - …
12. „Bulimie-Lernen" = Was gelernt worden ist, wird relativ schnell wieder vergessen; kein nachhaltiges Lernen; gelernt wird z. B. nur für Tests oder Klassenarbeiten.
13. Dass es unterschiedliche Lerntypen gibt, ist wissenschaftlich nicht bewiesen. Jeder Mensch lernt verschieden.
14. • Sehsinn, • Hörsinn, • Tastsinn, • Geruchssinn, • Geschmackssinn
15. Veranschaulichung ist wichtig, um zu lernen; spielt eine größere Rolle als das (reine) Hören: „Ein Bild sagt mehr als 1 000 Worte!" …
16. Mindmaps = „Gedächtnis(land)karten", verbinden Grafik mit Text, dienen dazu, sich Lerninhalte besser zu merken, auch längerfristig.
17. Concept-Maps = „Begriffs(land)karten"; netzartige Darstellung von Begriffen und ihren Zusammenhängen, Zielsetzung, Verfestigung des Lernstoffes, auch längerfristig
18. • Mindmaps: zentrales Thema in der Blattmitte genannt; Baumstationen mit „Ästen" und „Zweigen" …
    - Concept-Maps: zentrales Thema oben auf dem Blatt angeführt; Netzstruktur mit u. a. Linien und Pfeilen sowie Verben
19. Grafiz = Kunstwort zusammengesetzt aus Grafik und Notiz; Verknüpfung von Grafik mit Informationen, die sehr wichtig zum Thema sind
20. PQ4R = Technik, um Texte beim Lernen zu bewältigen, bestehend aus 6 Schritten:
    1. Preview (= Vorschau);
    2. Questions (= Fragen);
    3. Read (= Lesen);
    4. Reflect (= Nachdenken);
    5. Recite (= Wiedergeben);
    6. Review (= Rückblick)

Lösungen

Seite 42: Vorgehen bei der Bearbeitung von Lernthemen

Aufgabe:

1. Stelle:	**Überblick**	– Das Thema mit seinem Inhalt überfliegen, den Inhalt in groben Zügen erfassen …
2. Stelle:	**Einblick**	– Sich näher mit dem Inhalt befassen, ihn durchdringen …
3. Stelle	**Durchblick**	– Den Inhalt (möglichst) vollständig verstehen …
4. Stelle	**Rückblick**	– Den Inhalt wiederholen und erklären (können) …
5. Stelle	**Ausblick**	– Das Thema zukunftsbezogen betrachten …

Seite 44: Zusammenfassungen

Aufgabe 1: Eigene Zusammenfassungen zu Themen schreiben, tragen zum Lernerfolg bei, auch längerfristig gesehen. Dies ging aus wissenschaftlichen Untersuchungen hervor. In solchen Zusammenfassungen gilt es, das Wesentliche zum jeweiligen Thema darzustellen. Das Schreiben von eigenen Zusammenfassungen erfordert geistige Aktivität sowie benötigt Zeit. Wissenschaftliche Untersuchungen ergaben: Handgeschriebene Zusammenfassungen werden im Gehirn besser verarbeitet und behalten als digital verfasste Zusammenfassungen. Man kann sagen: „Gut notiert (als Zusammenfassung) ist halb(wegs) gelernt!"

Aufgabe 2: Individuelle Lösungen

Seite 46/47: „Eselsbrücken"

Aufgaben 1+2: Individuelle Lösungen

Aufgabe 3:

a) „Das „s" in „das" muss allein bleiben, kannst du dafür „dieses", „welches" oder „jenes" schreiben.
b) „Da, wo man spricht, vergiss beim Schreiben die Anführungszeichen nicht."
c) „Hat es den Anschein, kann es sein. Der Schein aber legt dich rein."
d) „Punkt vor Strich, die Klammer jedoch sagt: Zuerst komme ich."
e) „Aus Differenzen und Summen kürzen nur die Dummen."
f) „Wer nicht kürzt zur rechten Zeit, muss rechnen fast bis in die Ewigkeit."
g) „He, she, it nimmt (jeweils) ein kleines s noch mit."
h) „Sometimes, always, never, just stets (nur) vor das (jeweilige) Zeitwort passt."
i) „Nie ohne Seife waschen!" (die 4 Himmelsrichtungen Norden, Osten, Süden, Westen)
j) „Mein Vater erklärt mir jeden Sonntag unseren Nachthimmel." (die 8 Planeten unseres Sonnensystems Merkur, Venus, Erde, Mars, Jupiter, Saturn, Uranus, Neptun)
k) „Wenn die Schwalben tiefer fliegen, werden wir bald Regen kriegen."
l) „Gut gekaut ist halb verdaut."
m) „Gieße nie Wasser auf die Säure, sonst geschieht das Ungeheure."
n) „Die Base ist eine Frau, sie färbt rotes Lackmus blau."
o) „Der Schall braucht seine Zeit. In der Luft kommt er in drei Sekunden 1 Kilometer (1 000 Meter) weit."
p) „Wenn du herausbekommen willst Ampere, teile einfach U durch R."
Hinweis: U = elektrischer Widerstand gemessen in Ohm;
R = elektrische Spannung gemessen in Volt;
Ampere = Maßeinheit für die elektrische Stromstärke
q) „Sieben - fünf - drei der Sage nach schlüpft Rom aus dem Ei." (Der Sage nach wurde Rom im Jahr 753 vor Christus gegründet.)
r) „Eins - sieben - acht - neun, da kann sich Frankreich freuen." (1789 = Jahr der Französischen Revolution)
s) „Caesar, der Elch, frisst gegen Abend Heu." (Tonleiter: Notenbezeichnung c, d, e, f, g, a, h)
t) „Eine Flasche Hohes C!" (Halbtonschritte von e nach f und h nach c)

Seite 48: Schlaf, eine Lernvoraussetzung

Aufgabe:

1. Lernen setzt ausreichend Schlaf voraus.
2. Zum Lernen gilt es, ausgeschlafen sein.
3. Wie viel (Stunden) Schlaf jemand braucht, ist von Person zu Person unterschiedlich.
4. Je jünger Heranwachsende sind, desto mehr Schlaf benötigen sie gewöhnlich.
5. Genügend Schlaf ist u. a. erforderlich, um sich konzentrieren zu können.
6. Auch wirkt sich ausreichend Schlaf positiv auf das Erinnerungsvermögen aus.
7. Am Vormittag und am (späten) Nachmittag/frühen Abend sind die meisten Personen am lernfähigsten.
8. Lernvorgänge finden auch während des Schlafes statt.
9. Im Tiefschlaf verarbeitet und festigt das Gehirn, was es vor dem Schlaf neu an Informationen aufgenommen hat.
10. Nur das Buch vor dem Schlaf unter das Kopfkissen zu legen reicht nicht zum Lernen und Behalten aus.

Lösungen

Seite 50: Ernährung und Lernen

Aufgabe:

a) Zum Lernen braucht der Mensch Nahrung.
b) Bezogen auf das Lernen gibt es u. a. das Sprichwort „Ein voller Bauch studiert nicht gern."
c) Eine Stunde nach der jeweiligen Mahlzeit sollte man anfangen zu lernen.
d) Zu frühstücken ist sehr wichtig für das Lernen.
e) Zum Frühstück sind zu empfehlen:
- Vollkornprodukte (Brot, Haferflocken, Müsli ...) sowie
- Molkereiprodukte (Käse, Joghurt ...)

f) Das sogenannte „10 - 11 Uhr-Loch" kann entstehen durch nicht genügend Zucker im Blut.
g) Das Essen eines Apfels kann das „10 - 11 Uhr-Loch" verhindern.
h) In Äpfeln sind u. a. enthalten Zucker, Vitamine, Ballaststoffe, Flüssigkeit ...
i) Nachteilig für das Lernen ist (zu) viel Zucker zu sich zu nehmen.
j) Am Tage sollte man fünf Mahlzeiten einnehmen.

Seite 52: Ordnung und Lernen

Aufgaben:

a) Ordnung hat eine wichtige Bedeutung für das Lernen. Lernen erfordert auch Ordnung.
b) Unterschieden werden äußere und innere Ordnung.
c) Zur äußeren Ordnung gehören Ordnung im Arbeitsraum, das Aufstellen eines Zeitplans, das Führen von Lerntabellen ... . Mit innerer Ordnung ist gemeint, gezielt und strukturiert zu lernen, u. a. passende Lernstrategien sowie Lerntechniken anzuwenden.
d) Äußere Ordnung wirkt sich beim Lernen positiv auf die innere Ordnung aus, ist eine Voraussetzung dafür.
e) Individuelle Lösungen

Seite 53: Der Arbeitsraum (= Lernort)

Aufgaben 1+2: Individuelle Lösungen

Seite 54: Anstrengung(sbereitschaft)

Aufgaben:

a) Anstrengungsbereitschaft ist der Wille sich anzustrengen. Anstrengung bedeutet, sich wirklich anzustrengen.
b)-e) Individuelle Lösungen

Seite 55: Körperliche Bewegung und Lernen

Aufgaben:

1. Früher wurde der körperlichen Bewegung für das Lernen eine geringere Bedeutung beigemessen.
2. Heutzutage halten Lernexperten körperliche Bewegung wichtig für das Lernen.
3. Körperliche Bewegung:
   - bewirkt eine bessere Versorgung des Gehirns mit Sauerstoff.
   - fördert das Lernen.
   - hilft gegen das Vergessen.
4. Individuelle Lösungen

Seite 56: Erzählen und Erklären

Aufgaben 1+2: Individuelle Lösungen

Seite 57: Lernen für Test, Klassenarbeiten, Prüfungen ...

Aufgaben: Individuelle Lösungen

Seiten 58/59: Vorlernen

Aufgaben 1+2:

a) Mit Vorlernen ist gemeint, dass sich Schüler(innen) im Voraus in Themen einarbeiten bzw. damit beginnen, bevor die Inhalte im Unterricht behandelt werden.
b) Nicht allein für ehrgeizige und überehrgeizige Schüler(innen) [„Streber"] ist Vorlernen etwas, sondern ebenfalls für andere Heranwachsende.
c) Vorlernen kann Vorteile verschaffen.
d) Lernexperten geben zu verstehen, Vorlernen sei besser als Nachlernen.
e) Voraussetzung für das Vorlernen ist, ausreichend Zeit dafür zu haben und genügend aufnahmefähig zu sein.
f) Manche nutzen einen Teil der Schulferien zum Vorlernen.
g) Zur Folge sollte das Vorlernen nicht haben, bei der späteren Behandlung des betreffenden Themas im Unterricht wenig(er) aufmerksam zu sein.

Lösungen

Seite 58/59: Vorlernen

Aufgabe 1:

h) <u>Kenntnisse</u> sowie Erkenntnisse, die jemand durch Vorlernen erlangt hat, kann er im späteren Unterricht gut einbringen.

i) <u>Durch</u> Vorwissen lassen sich mehr und intensiver neue Informationen aufnehmen und verarbeiten.

j) <u>Beitragen</u> kann Vorlernen zum nachhaltigen Lernen.

Aufgabe 2:

a) Durch erworbene Vorkenntnisse:
- bessere Beteiligung im späteren Unterricht möglich;
- mehr weitere Informationen sind aufnehmbar;
- Verstärkung des nachhaltigen Lernens;
- …

b) Gefahren des Vorlernens:
- geringere Aufmerksamkeit im späteren Unterricht;
- schnelles Vergessen von erworbenen Vorkenntnissen;
- Thema wird möglicherweise im späteren Unterricht überhaupt nicht behandelt …

c) Individuelle Lösungen

Seite 61: Digitalisierung und Lernen

Aufgaben: Individuelle Lösungen

Seite 63: Lernstrategien …

Aufgaben: Fragen 1-6: Individuelle Lösungen

Seite 69: Intelligenz und Lernen

Aufgaben:

a. Hergeleitet und übersetzt aus der lateinischen Sprache wird unter der Intelligenz so viel verstanden wie Einsicht, Erkenntnisvermögen, Verstand, Klugheit …

b. Mit fluider Intelligenz ist das Denken gemeint, das insbesondere logisch, schlussfolgend sowie abstrakt ist. Durch solches Denken gelingt es, Probleme zu bewältigen.

c. Als kristalline (= kristallisierte) Intelligenz gilt vor allem die Intelligenz, die geprägt ist durch (verarbeitetes) Wissen, Erfahrungen und sprachliches Vermögen.

d. Die fluide Intelligenz wird von Wissenschaftlern weitgehend auf die Vererbung zurückgeführt. Dagegen werden die kristalline (= kristallisierte) Intelligenz überwiegend durch die Umwelt bewirkt. Im Laufe des Lebens des jeweiligen Menschen nehme die fluide Intelligenz mit dem Alter ab, die kristalline (= kristallisierte) Intelligenz jedoch zu.

Seite 70:

Aufgabe:

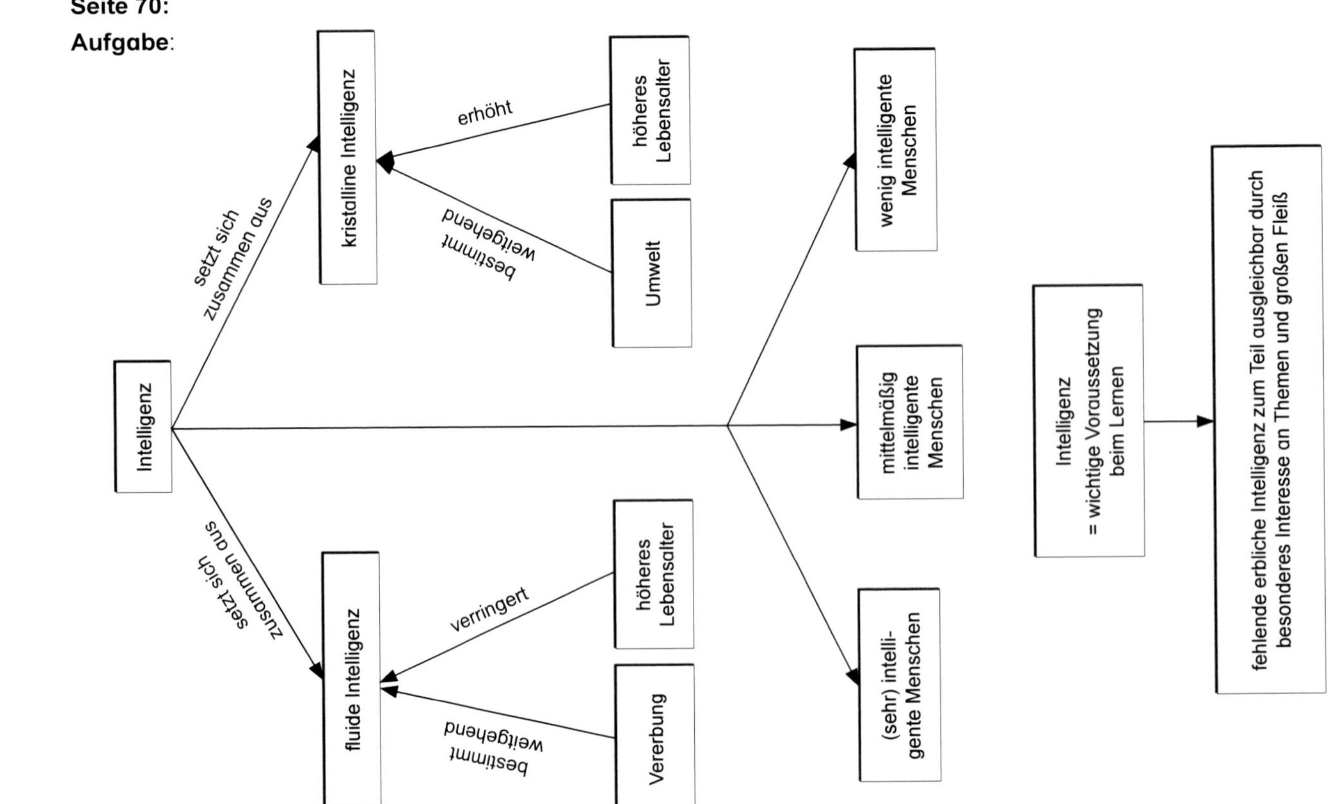

Seite 71: Verstehendes Lernen - was ist das?

Aufgabe 1: Verstehendes Lernen unterscheidet sich deutlich vom (reinen) Auswendiglernen und bloßem Wissen. Zwar baut Verstehendes Lernen auf Vorwissen auf. Im Weiteren geht es aber darum, Phänomene sowie Vorgänge wirklich zu begreifen. Daraus gilt es, möglichst neue Erkenntnisse zu gewinnen. Wichtig ist u. a. das Erkennen von Ursachen, Auslöser, Zusammenhängen und Auswirkungen. Zum Verstehenden Lernen gehört, Fragen zu stellen und darauf Antworten zu finden, z. B. durch Forschen und Entdecken. Verstehendes Lernen ist fächerübergreifend orientiert ...

Aufgabe 2: Individuelle Lösungen

Seiten 72-74: Test 2 bzw. Arbeit 2

Aufgaben:

1. 1. Überblick,
   2. Einblick,
   3. Durchblick,
   4. Rückblick,
   5. Ausblick
2. handgeschriebene Zusammenfassungen = sehr sinnvoll; „gut notiert (als Zusammenfassung) ist halb(wegs) gelernt!"
3. „Eselsbrücken" = Hilfen, sich Dinge zu merken, bezeichnet auch als Merkhilfen bzw. Denkhilfen
4. ... kleines s noch mit."
5. Individuelle Lösungen wie z. B.:
   - „Da, wo man spricht, vergiss die Anführungszeichen nicht."
   - „Punkt vor Strich, die Klammer jedoch sagt: Zuerst komme ich!"
   - „Gut gekaut ist halb verdaut."
6. Im Schlaf finden Lernvorgänge statt: Im Tiefschlaf Verarbeitung und Verfestigung dessen, was das Gehirn an neuen Informationen aufgenommen hat.
7. Individuelle Lösungen wie z. B.
   - Nahrung (nicht zu viel und nicht zu wenig) ist erforderlich zum Lernen.
   - Ebenfalls gilt es, ausreichend zu trinken.
   - Ganz wichtig für Heranwachsende, morgens frühstücken!
   - ...
8. - äußere Ordnung = Ordnung im Lernraum, u. a. auf dem Arbeitstisch;
   - innere Ordnung = strukturiertes Lernen; Klarheit verschaffen, Anwendung von Lernstrategien sowie Lerntechniken ...
9. - Im Arbeitsraum weder zu warm noch zu kalt;
   - Arbeitsraum durchlüften;
   - (alle) Arbeitsmaterialien vorhanden;
   - Pflanzen im Arbeitsraum empfehlenswert;
   - ...
10. Körperliche Bewegung fördert das Lernen. Sportliche Übungen (z. B. gymnastische Übungen mit Entspannungsphasen) begünstigen das Lernen. Beim Gehen laut über den Lerninhalt sprechen unterstützt das Lernen ...
11. Eine aktive Auseinandersetzung mit dem Inhalt des Textes findet nicht statt, eintönige Vorgehensweise.
12. „narratives Lernen" = erzählendes, erklärendes Lernen
13. Individuelle Lösungen wie z. B.:
    - frühzeitig, rechtzeitig mit den Vorbereitungen anfangen;
    - am letzten Tag Lernstoff nur noch wiederholen;
    - Erstellen eines wahrscheinlichen Fragen- und Antwortkatalogs
14. Vorlernen = Einarbeiten in ein Thema bzw. damit beginnen, bevor das Thema im Unterricht behandelt wird.
15. - Vorkenntnisse können später in den Unterricht eingebracht werden;
    - Mit Vorkenntnissen kann der weitere Inhalt schneller und besser verstanden werden.
    - ...
16. Individuelle Lösungen wie z. B.:
    - Im Internet sind rasch vielfältige Informationen zu Themen zu erhalten.
    - Zahlreiche Video-Clips zu diversen Themen sind im Internet zu sehen.
    - ...
17. Individuelle Lösungen wie z. B.:
    - Gefahr der Ablenkung vom Lernen durch z. B. Computerspiele;
    - Lernen wird aufgrund der Digitalisierung nicht mehr als notwendig betrachtet.

Lösungen

Seiten 72-74: Test 2 bzw. Arbeit 2

Aufgaben:

18. Lernstrategien = umfassender Begriff für Lernmethoden, Lernverfahren, Lerntechniken, Lernstile …
19.
    - Erstellen von Mindmaps;
    - Schreiben von (kurzen) Zusammenfassungen zu den Lernthemen
20.
    - fluide Intelligenz;
    - kristalline (= kristallisierte) Intelligenz

Seite 75: 10 Zitate zum Thema Lernen

Aufgabe: Individuelle Lösungen

Seite 76: Lernen – aber wie?

Aufgabe: Individuelle Lösungen, wie z. B.:

Was sollte man tun?	Was sollte man nicht tun?
- in Etappen lernen; - Lernpläne erstellen; - Mindmaps, Concept-Maps, Zusammenfassungen verfassen; - kurze, aber oftmalige Wiederholungen des Lernstoffes; - Lernen mit mehreren Sinnen; - anwendungsorientiert üben; - Lernen mit Bewegung verknüpfen; - …	- kurz vor Tests und Arbeiten mit dem Lernen beginnen; - reines Auswendiglernen; - „Bulimie-Lernen“; - Texte möglichst oft nur lesen; - häufig Musik hören beim Lernen; - Chaos auf dem Arbeitstisch; - unkonzentriert sein; - …

Seite 77: Mein Lernkoffer

Aufgabe: Individuelle Lösungen

Seite 78: „Wer wird Quiz-Champion?“

1B; 2C; 3C; 4A; 5D; 6D; 7B; 8A; 9D; 10C